U0804707

春秋繁露

〔漢〕董仲舒 撰

齊魯書社
·濟南·

圖書在版編目（CIP）數據

春秋繁露 / (漢) 董仲舒撰. -- 濟南 : 齊魯書社, 2024. 9. -- (《儒典》精粹). -- ISBN 978-7-5333-4925-7

Ⅰ. B234.51

中國國家版本館CIP數據核字第2024TH7117號

責任編輯　張　超
裝幀設計　亓旭欣

春秋繁露

CHUNQIU FANLU

〔漢〕董仲舒　撰

主管單位	山東出版傳媒股份有限公司
出版發行	齊魯書社
社　　址	濟南市市中區舜耕路517號
郵　　編	250003
網　　址	www.qlss.com.cn
電子郵箱	qilupress@126.com
營銷中心	（0531）82098521　82098519　82098517
印　　刷	山東臨沂新華印刷物流集團有限責任公司
開　　本	880mm × 1230mm　1/32
印　　張	13.5
插　　頁	2
版　　次	2024年9月第1版
印　　次	2024年9月第1次印刷
標準書號	ISBN 978-7-5333-4925-7
定　　價	96.00圓

《〈儒典〉精粹》出版説明

《儒典》是對儒家經典的一次精選和萃編，集合了儒學著作的優良版本，展示了儒學發展的歷史脉絡。其中，《義理典》《志傳典》共收録六十九種元典，由齊魯書社出版。鑒於《儒典》采用套書和綫裝的形式，部頭大，價格高，不便於購買和日常使用，我們决定以《〈儒典〉精粹》爲叢書名，推出系列精裝單行本。

叢書約請古典文獻學領域的專家學者精選書目，并爲每種書撰寫解題，介紹作者生平、内容、版本流傳等情况，文簡義豐。叢書共三十三種，主要包括儒學研究的代表性專著和儒學人物的師承傳記兩大類。版本珍稀，不乏宋元善本。對於版心偏大者，適度縮小。爲便於檢索，另編排目録。不足之處，敬請讀者朋友批評指正。

齊魯書社

二〇二四年八月

《〈儒典〉精粹》書目（三十三種三十四册）

孔氏家語	荀子集解	孔叢子
春秋繁露	春秋繁露義證	鹽鐵論
新序	揚子法言	白虎通德論
潛夫論	中説	太極圖説　通書
龜山先生語録	張子語録	傳習録
張子正蒙注	先聖大訓	近思録
四存編	孔氏家儀	帝範
帝學	温公家範	文公家禮
聖門禮樂誌	東家雜記	孔氏祖庭廣記
伊洛淵源録	伊洛淵源續録	國朝漢學師承記
國朝宋學淵源記	孔子編年	孟子年表

解題

春秋繁露十七卷，漢董仲舒撰，國家圖書館藏宋嘉定四年江右計臺刻本

董仲舒，廣川（今河北景縣）人。少治《春秋》，尤精《公羊》。漢景帝時爲博士。漢武帝元光元年（前一三四），以賢良對策稱旨，世稱『天人三策』，提出『諸不在六藝之科、孔子之術者，皆絶其道，勿使並進，邪辟之説滅息，然後統紀可一而法度可明，民知所從矣』，成爲漢武帝時期『罷黜百家，獨尊儒術』的理論基礎。後拜江都王相、膠西王相。告病家居，著書以終。傳見《史記》本傳、《漢書》本傳。

《春秋繁露》一書，《漢書·藝文志》未著録，《六藝略·春秋類》有《公羊董仲舒治獄》十六篇，又《諸子略·儒家類》有《董仲舒》百二十三篇。《隋書·經籍志》始著録『《春秋繁露》十七卷，漢膠西相董仲舒撰』。《舊唐書·經籍志》與《新唐書·藝文志》同。到了宋代，既有八十餘卷，又有四十餘篇、三十餘篇、十八卷七十九篇的文本流傳。

南宋時四明樓鑰據寫本、京師印本、廬陵胡氏萍鄉刻本、潘景憲本相互參定，得八十二篇，

十七卷本。南宋嘉定四年(一二一一)四月，時胡槻任江西運判，即在江西轉運使司將樓本刊行。胡榘跋稱：『後五年官中都，復從攻媿先生大參樓公得善本，凡八十二篇，爲十七卷』，『乃録本屬祕閣兄重刊於江右之計臺，以惠後學云』。此刻本經明代皇甫冲、朱大韶，清代季振宜、徐乾學遞藏，後入清宮天禄琳琅，《天禄琳琅書目續編》著録。

樓鑰本在明初收入《永樂大典》，乾隆間四庫館臣取《永樂大典》收録之樓本與别本互校，定爲武英殿聚珍本，爲清代校注《春秋繁露》者，如盧文弨、凌曙、蘇輿等人所承用。乾隆間孔繼涵曾據《永樂大典》本校於一明刻本上。民國間張元濟等輯印《四部叢刊》，於《春秋繁露》亦選武英殿聚珍本。無論《永樂大典》所録，還是武英殿聚珍本刊印之本，都祇能算宋嘉定四年江右計臺所刊行樓本的衍生文本。

李振聚

目録

春秋繁露卷第五

春秋繁露卷第六

春秋繁露卷第七

春秋繁露卷第八

春秋繁露卷第九

春秋繁露卷第十

春秋繁露卷第十一

春秋繁露卷第十二

春秋繁露卷第十三

春秋繁露卷第十四

春秋繁露卷第十五

春秋繁露卷第十六

春秋繁露卷第十七

題跋附……三九九

宋板春秋繁露

五福五代堂古稀天子寶

八徵耄念之寶

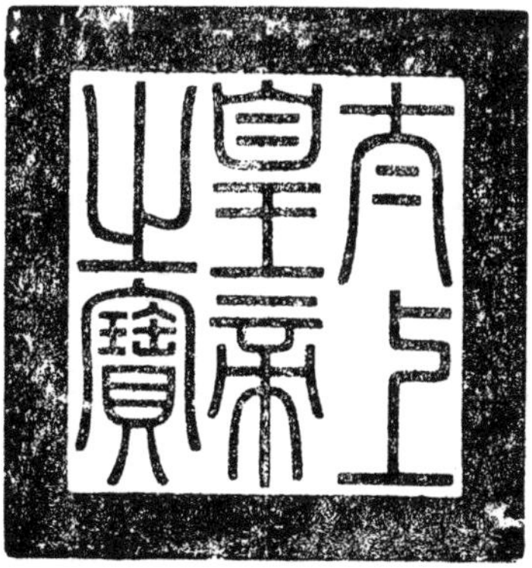
太上皇帝之寶

春秋繁露序

樓　郁

六經道大而難知惟春秋聖人之志在焉自孔子没莫不有傳名于傳者五家用於世纔三而上爾其後傳出學散源迷而流分蓋公羊之學後有胡毋子都董仲舒治其説信勤矣嘗爲武帝置對于篇又自著書以傳于後其微言至要蓋深於春秋者也然聖人之旨在經經之失傳傳之失學故漢諸儒多病專門之見各務高師之言至窮智畢學或不出聖人大中

公孔子之志既晦而隱焉董生之書視言傳大
博極閎深者也本傳稱玉杯繁露清明竹林之
屬今其書十卷又摠名繁露其是非請俟賢者
辨之太原王君家藏此書常謂仲舒之學久鬱
不發將摹印以廣之於天下就予求序因書其
本末云慶曆七年二月日

春秋繁露目録

漢董　仲舒　撰

卷七

卷八

卷九

春秋繁露目録終

春秋繁露卷弟一

楚莊王弟一

楚莊王殺陳夏徵舒春秋貶其文不予專討也靈王殺齊慶封而直稱楚子何也曰莊王之行賢而徵舒之罪重以賢君討重罪其於人心善若不貶孰知其非正經春秋常於其嫌得者見其不得也是故齊桓不予專地而封晉文不予致王而朝楚莊弗予專殺而討三者不得則諸侯之得殆（恐是不待）貶矣此楚靈之所以稱子而討也春秋之辭多所況是文約而法明也問者曰

不子諸侯之專封復見於陳蔡之滅不子諸侯之專討獨不復見慶封之殺何也曰春秋之用辭已明者去之未明者著之今諸侯之不得專討固已明矣而慶封之罪未有所見也故稱楚子以伯討之著其罪之宜死以爲天下大禁曰人臣之行貶主之位亂國之臣雖不篡殺其罪皆宜死比于此其云爾也

春秋曰晉伐鮮虞奚惡乎晉而同夷狄也曰春秋尊禮而重信信重於地禮尊於身何以知其然也宋伯姬恐不（恐不一作疑）禮而死於火齊桓公

疑信而虧其地春秋賢而舉之以爲天下法曰
禮而信禮無不荅施無不報天之數也今我君
臣同姓適女女無良心禮以不荅有恐畏我何
其不夷狄也公子慶父之亂魯危殆亡而齊桓
安之於彼無親尚來憂我如何與同姓而殘賊
遇我詩云宛彼鳴鳩翰飛戾天我心憂傷念彼
先人明發不寐有懷二人人皆有此心也今晉
文不以其同姓憂我而彊大厭我我心望焉故
言之不好謂之晉而已是婉辭也問者曰晉惡
而不可親公往而不敢至乃人情耳君子何恥

而稱公有疾也曰惡無故自來君子不恥內省不疚何憂何懼是已矣今春秋恥之者昭公有以取之也臣凌其君始於文而甚於昭公受亂陵夷而無懼惕之心囂囂然輕詐妄討犯大禮而取同姓接不義而重自輕也人之言曰國家治則四鄰賀國家亂則四鄰散是故季孫專其位而大國莫之正出走八年死乃得歸身亡子危困之至也君子不恥其困而恥其所以窮昭公雖逢此時苟不娶同姓詎至於是雖娶同姓能用孔子自輔亦不至如是時難而治簡行枉

而無救是其所以窮也春秋分十二世以爲三等有見有聞有傳聞有見三世有聞四世有傳聞五世故哀定昭君子之所見也襄成文宣君子之所聞也僖閔莊桓隱君子之所傳聞也所見六十一年所聞八十五年所傳聞九十六年於所見微其辭於所聞痛其禍於傳聞殺其恩與情俱也是故逐季氏而言又雩微其辭也子赤殺弗忍言日痛其禍也子般殺而書乙未殺其恩也屈伸之志詳略之文皆應之吾以其近近而遠遠親親而疏疏也亦知其貴貴而賤賤

重重而輕輕也有知其厚厚而薄薄善善而惡惡也有知其陽陽而陰陰白白而黑黑也百物皆有合偶偶之合之仇之匹之善矣詩云威儀抑抑德音秩秩無怨無惡率由仇匹此之謂也然則春秋義之大者也得一端而博達之觀其是非可以得其正法視其溫辭可以知其塞怨是故於外道而不顯於內諱而不隱於尊亦然於賢亦然此其別內外差賢不肖而等尊卑也義不訕上智不危身故遠者以義諱近者以知畏畏與義兼則世逾（一作愈）近而言逾謹矣此定

哀之所以微其辭以故用則天下平不用則安
其身春秋之道也春秋之道奉天而法古是故
雖有巧手弗修規矩不能正方圓雖有察耳不
吹六律不能定五音雖有知心不覽先王不能
平天下然則先王之遺道亦天下之規矩六律
已故聖者法天賢者法聖此其大數也得大數
而治失大數而亂此治亂之分也所聞天下無
二道故聖人異治同理也古今通達故先賢傳
其法於後世也春秋之於世事也善復古譏易
常欲其法先王也然而介以一言曰王者必改

制自僻者得此以為辭曰古苟可循先王之道何莫相因世迷是聞以疑正道而信邪言甚可患也荅之曰人有聞諸侯之君射貍首之樂者於是自斷貍首縣而射之曰安在於樂也此聞其名而不知其實者也今所謂新王必改制者非改其道非變其理受命於天易姓更王非繼前王而王也若一因前制修故業而無有所改是與前王而王者無以別受命之君天之所大顯也事父者承意事君者儀志事天亦然今天大顯已物襲所代而率與同則不顯不明非天

志故必徙居處更稱號改正朔易服色者無他焉不敢不順天志也而明自顯也若其大綱人倫道理政治教化習俗文義盡如故亦何改哉故王者有改制之名無易道之實孔子曰無爲而治者其舜乎言其主堯之道而已此非不易之效與問者曰物改而天授顯矣其必更作樂何也曰樂異乎是制爲應天改之樂爲應人作之彼之所授命者必民之所同樂也是故大改制於初所以明天命也更作樂於終所以見天功也緣天下之所新樂而爲之文曲且以和政

且以興德天下未徧合和王者不虛作樂樂者盈於内而動發於外者也應其治時制禮作樂以成之成者本末質文皆以具矣是故作樂者必反天下之所始樂於己以爲本舜時民樂其昭堯之業也故韶韶者昭也禹之時民樂其三聖相繼故夏夏者大也湯之時民樂其救之於患害也故頀頀者救也文王之時民樂其興師征伐也故武武者伐也四者天下同樂之一也其所同樂之端不可一也作樂之法必反本之所樂所樂不同事樂安得不世異是故舜作韶

而禹作夏湯作頀而文王作武四樂殊名則各順其民始樂於已也吾見其效矣詩云文王受命有此武功既伐于崇作邑于豐樂之風也又曰王赫斯怒爰整其旅當是時紂爲無道諸侯大亂民樂文王之怒而詠歌之也周人德已洽天下反本以爲樂謂之大武言民所始樂者武也云爾故凡樂者作之於終而名之以始重本之義也由此觀之正朔服色之改受命應天制禮作樂之異人心之動也二者離而復合所爲一也

玉杯第二

春秋譏文公以喪娶難者曰喪之法不過三年三年之喪二十五月今按經文公乃四十一月乃（一作方）娶娶時無喪出其法也矣何以謂之喪娶曰春秋之論事莫重乎志今娶必納幣納幣之月在喪分故謂之喪娶也且文公以秋祫祭以冬納幣皆失於太蚤春秋不譏其前而顧譏其後必以三年之喪肌膚之情也雖從俗而不能終猶宜未平於心今全無悼遠之志反思念娶事是春秋之所甚疾也故譏不出三年於

首而已譏以喪娶也不別先後賤其無人心也緣此以論禮禮之所重者在其志志敬而節具則君子予之知禮志和而音雅則君子予之知樂志哀而居約則君子予之知喪故曰非虛加之重志之謂也志爲質物爲文文著於質質不居文文安施質質文兩備然後其禮成文質偏行不得有我爾之名俱不能備而偏行之寧有質而無文雖弗予能禮尚少善之介葛盧來是也有文無質非直不予乃少惡之謂州公寔來是也然則春秋之序道也先質而後文右志而

左物故曰禮云禮云玉帛云乎哉推而前之亦宜曰朝云朝云辭令云乎哉樂云樂云鐘鼓云乎哉引而後之亦宜曰喪云喪云衣服云乎哉是故孔子立新王之道明其貴志以反和見其好誠以滅僞其有繼周之弊故若此也

春秋之法以人隨君以君隨天曰緣民臣之心不可一日無君一日不可無君而猶三年稱子者爲君心之未當立也此非以人隨君耶孝子之心三年不當三年不當而踰年即位者與天數俱終始也此非以君隨天耶故屈民而申君

屈君而申天春秋之大義也
春秋論十二世之事人道浹而王道備法布二
百四十二年之中相爲左右以成文采其居參
錯非襲古也是故論春秋者合而通之緣而求
之伍其比偶其類覽其緒屠其贅是以人道浹
而王法立以爲不然今夫天子踰年即位諸侯
於封内三年稱子皆不在經也而操之與在經
無以異非無其辨也有所見而經安受其贅也
故能以比貫類以辨付贅者大得之矣人受命
于天有善善惡惡之性可養而不可改可豫而

不可去若形體之可肥臞而不可得華也是故雖有至賢能爲君親含容其惡不能爲君親令無惡書曰厥辟不辟去厥祇事親亦然皆忠孝之極也非至賢安能如是父不父則子不子君不君則臣不臣耳文公不能服喪不時奉祭倒序以不三年又以喪娶娶於大夫以卑宗廟亂其羣祖以逆先公小善無一而大惡四五故諸侯弗子命大夫弗爲使是惡惡之徵不臣之效也出侮於外入奪於内無位之君也孔子曰政逮於大夫四世矣蓋自文公以來之謂也

君子知在位者之不能以惡服人也是故簡六藝以贍養之詩書序其志禮樂純其美易春秋明其知六學皆大而各有所長詩道志故長於質禮制節故長於文樂詠德故長於風書著功故長於事易本天地故長於數春秋是非故長於治人能兼得其所長而不能徧舉其詳也故人主大節則知闇大博則業厭二者異失同貶其傷必至不可不察也是故善爲師者既美其道有慎其行齊時蚤晚任多少適疾徐造而勿趨稽而勿苦省其所爲而成其所湛音耽故力不

勞而身大成此之謂聖化吾取之
春秋之好微與其貴志也春秋修本末之義達變故之應通生死之志遂人道之極者也是故君殺賊討則善而書其誅若莫之討則君不書葬而賊不復見矣不書葬以爲無臣子也賊不復見以其宜滅絶也今趙盾弑君四年之後别獨復見非春秋之常辭也古今之學者異而問之曰是弑君何以復見猶曰賊未討何以書葬何以書葬者不宜書葬也而書葬何以復見者亦不宜復見也而復見二者同貫不得不相若

也盾之復見宜以赴問而辨不親弒非不當誅
也則亦不得不謂悼公之書葬宜以赴問而辨
當故弒亦不當罪也若是則春秋之說亂矣豈
可法哉故貫比而論是非雖難悉得其義一也
今誅盾無傳弗誅無傳不交無傳以比言之法
論也無比而處之誣辭也今視其比皆不當死
何以誅之春秋赴問數百應問數千同留經中
幡援比類以發其端卒無妄言而得應於傳者
今使外賊不可誅故皆復見而問曰此復見何
也言莫妄於是何以得應乎故吾以其得應知

其問之不妄以其問之不妄知盾之獄不可不察也夫名爲弒父而實免罪者已有之矣亦有名爲弒君而罪不誅者逆而距之不若徐而味之且吾語盾有本詩云他人有心予忖度之此言物莫無鄰察視其外可以見其內也今桉盾事而觀其心愿而不刑合而信之非篡弒之鄰也桉盾辭號呼天苟内不誠安能如是故馴其終始無弒之志挂惡謀者過在不遂去罪在不討賊而已臣之宜爲君討賊也猶子之宜爲父嘗藥也子不嘗藥故加之弒父臣不討賊故加

之弒君其意一也所以示天下廢臣子之節其惡之大若此也故盾之不討賊爲弒君也與子之不嘗藥爲弒父無以異盾不宜誅以此參之問者曰夫謂之弒而有不誅其論難知非衆之所能見也故赦子之罪以傳明之盾不誅無傳何也曰世亂義廢背上不臣篡弒覆君者多而有明大惡之誅誰言其誅故晉趙盾楚公子比皆不誅之文而弗爲傳弗欲明之心也問者曰人弒其君重卿在而弗能討者非一國也靈公弒趙盾不在不在之與在惡有薄厚春秋責在

而不討賊者弗繫臣子爾也責不在而不討賊者乃加弑焉何其責厚惡之薄薄惡之厚也曰春秋之道視人所惑爲立説以大明之今趙盾賢而不遂於理皆見其善莫知其罪故因其所賢而加之大惡繫之重責使人湛思而自省悟以反道曰吁君臣之大義父子之道乃至乎此此所由惡薄而責之厚也他國不討賊者諸斗筲之民何足數哉弗繫人數而已此所由惡厚而責薄也傳曰輕爲重重爲輕非是之謂乎故公子比嫌可以立趙盾嫌無臣責許止嫌無子

罪春秋爲人不知惡而恬行不備也是故重累責之以矯枉世而直之矯者不過其正弗能直知此而義畢矣

春秋繁露卷第一

春秋繁露卷第二

竹林第三

春秋之常辭也不予夷狄而予中國爲禮至邲之戰偏然反之何也曰春秋無通辭從變而移今晉變而爲夷狄楚變而爲君子故移其辭以從其事夫莊王之舍鄭有可貴之美晉人不知其善而欲擊之所救已解如挑與之戰此無善善之心而輕救民之意也是以賤之而不使得予賢者爲禮秦穆侮蹇叔而大敗鄭文輕衆而喪師春秋之敬賢重民如是是故戰攻侵伐雖

數百起必一二書傷其害所重也問者曰其書戰伐甚謹其惡戰伐無辭何也曰會同之事大者主小戰伐之事後者主先苟不惡何爲使起之者居下是其惡戰伐之辭已且春秋之法凶年不脩舊意在無苦民爾苦民尚惡之況傷民乎傷民尚痛之況殺民乎故曰凶年脩舊則譏造邑則諱是害民之小者惡之小也害民之大者惡之大也今戰伐之於民其爲害譏何玫意而觀指則春秋之所惡者不任德而任力驅民而殘賊之其所好者設而勿用仁義以服之也

詩云矣其文德洽此四國此春秋之所善也夫德不足以親近而文不足以來遠而斷斷以戰伐爲之者此固春秋之所甚疾已皆非義也難者曰春秋之書戰伐也有惡有善也惡詐擊而善偏戰恥伐喪而榮復讎奈何以春秋爲無義戰而盡惡之也曰凡春秋之記災異也雖畝有數莖猶謂之無麥苗也今天下之大三百年之久戰攻侵伐不可勝數而復讎者有二焉是何以異於無麥苗之有數莖哉不足以難之故謂之無義戰也以無義戰爲不可則無麥苗亦不

可矣以無麥苗爲可則無義戰亦可矣若春秋之於偏戰也善其偏不善其戰有以效其然也春秋愛人而戰者殺人君子奚說善殺其所愛哉故春秋之於偏戰也猶其於諸夏也隱之魯則謂之外隱之夷狄則謂之内比之詐戰則謂之義比之不戰則謂之不義故盟不如不盟然而有所謂善盟戰不如不戰然而有所謂善戰不義之中有義義之中有不義辭不能及皆在於指非精心達思者其孰能知之詩云常棣之華偏其反而豈不爾思室是遠而子曰未之思

也夫何遠之有由是觀之見其指者不任其辭不任其辭然後可與適道矣

司馬子反爲其君使廢君命與敵情從其所請與宋平是內專政而外擅名也專政則輕君擅名則不臣而春秋大之奚由哉曰爲其有慘怛之恩不忍餓一國之民使之相食推恩者遠之而大爲仁者自然而美今子反出己之心矜宋之民無計其閒故大之也難者曰春秋之法卿不憂諸侯政不在大夫子反爲楚臣而恤宋民是憂諸侯也不復其君而與敵平是政在大夫

也湨古闃反梁之盟信在大夫而春秋刺之爲其奪君尊也平在大夫亦奪君尊而春秋大之此所問也且春秋之義臣有惡君名美故忠臣不顯諫欲其由君出也書曰爾有嘉謀嘉猷入告爾君于内爾乃順之于外曰此謀此猷惟我君之德此爲人臣之法也古之良大夫其事君皆若是今子反去君近而不復莊王可諫而不告皆以其解二國之難爲不得已也柰其奪君名美何此所惑也曰春秋之道固有常有變變用於變常用於常各止其科非相妨也今諸子所

稱皆天下之常雷同之義也子反之行一曲之
變術修之義也夫目驚而體失其容心驚而事
有所忘人之情也通于驚之情者取其一美不
盡其失詩云采葑采菲無以下體此之謂也今
子反往視宋聞人相食大驚而哀之不意之至
於此也是以心駭目動而違常禮禮者庶於仁
文質而成體者今使人相食大失其仁安著其
禮方救其質奚恤其文故曰當仁不讓此之謂
也春秋之辭有所謂賤者夫有賤乎賤者則亦
有貴乎貴者矣今讓者春秋之所貴雖然見人

相食驚人相爨救之忘讓其君子之道有貴於讓者也故說春秋者無以平定之常義疑變故之大義則幾可諭矣

春秋記天下之得失而見所以然之故甚幽而明無傳而著不可不察也夫泰山之爲大弗察弗見而况微眇者乎故按春秋而適往事窮其端而視其殺得志之君子有喜之人不可不慎也齊頃公親齊桓公之孫國固廣大而地勢便利矣又得霸主之餘尊而志加於諸侯以此之故難使會同而易使驕奢即位九年未嘗肯一

與會同之事有怒魯衛之志而從諸侯于清丘斷道春往伐魯入其北郊顧返伐衛敗之新築當是時也方乘勝而志廣大國往聘慢而弗敬其使者晉魯俱怒内悉其衆外得黨與衛曹四國相輔大困之鞌獲齊頃公斮逢丑父深本頃公之所以大辱身幾亡國爲天下笑其端乃從懾魯勝衛起伐魯魯不敢出擊衛大敗之因得氣而無敵國以興患也故曰得志有喜不可不戒此其效也自是後頃公恐懼不聽聲樂不飲酒食肉内愛百姓問疾弔喪外敬諸侯從會與

盟卒終其身家國安寧是福之本生於憂而禍起於喜也嗚呼物之所由然其於人切近可不省耶

逄丑父殺其身以生其君何以不得爲知權丑父欺晉祭仲許宋俱枉正以存其君然而丑父之所爲難於祭仲祭仲見賢而丑父猶見非何也曰是非難别者在此此其嫌疑相似而不同理者不可不察夫去位而避兄弟者君子之所甚貴獲虜逃遁者君子之所甚賤祭仲措其君於人所甚貴以生其君故春秋以爲知權而賢

之丑父措其君於人所甚賤以生其君春秋以爲不知權而簡之其俱枉正以存君相似也其使君榮之與使君辱不同理故凡人之有爲也前枉而後義者謂之中權雖不能成春秋善之魯隱公鄭祭仲是也前正而後有枉者謂之邪道雖能成之春秋不愛齊頃公逢丑父是也夫冒大辱以往其情無樂故賢人不爲也而衆人疑焉春秋以爲人之不知義而疑也故示之以義曰國滅君死之正也正也者正於天之爲人性命也天之爲人性命使行仁義而羞可恥非

若鳥獸然苟爲生苟爲利而已是故春秋推天施而順人理以至尊爲不可以生於至辱大羞故獲者絶之以至辱爲亦不以加於至尊大位故雖失位弗君也已反國復在位矣而春秋猶有不君之辭況其溷然方獲而虜邪其於義也非君定矣若非君則丑父何權矣故欺三軍爲大罪於晉其免頃公爲辱宗廟於齊是以雖難而春秋不愛丑父大義宜言於頃公曰君慢侮而怒諸侯是失禮大矣今被大辱而弗能死是無恥也而復重罪請俱死無辱宗廟無羞社稷

如此雖陷其身尚有廉名當此之時死賢於生故君子生以辱不如死以榮正是之謂也由法論之則丑父欺而不中權忠而不中義以爲不然復察春秋春秋之序辭也置王於春正之間非曰上奉天施而下正人然後可以爲王也云耳今善善惡惡好榮憎辱非人能自生此天施之在人者也君子以天施之在人者聽之則丑父弗忠也天施之在人者使人有廉恥有廉恥者不生於大辱大辱莫甚於去南面之位而束獲爲虜矣曾子曰辱若可避避之而已及其不

可避君子視死如歸謂如頃公者也
春秋曰鄭伐許奚惡于鄭而夷狄之也曰衛侯速卒鄭師侵之是伐喪也鄭與諸侯盟于蜀以盟而歸諸侯於是伐鄭是叛盟也伐喪無義叛盟無信無信無義故大惡之問者曰是君死其子未踰年有稱伯不子法辭其罪何曰先王之制有大喪者三年不呼其門順其志之不在事也書云高宗諒闇三年不言居喪之義也今縱不能如是柰何其父卒未踰年即以喪舉師也春秋以薄恩且施失其子心故不復得稱子謂

之鄭伯以辱之也且其先君襄公伐喪叛盟得罪諸侯諸侯怒之未解惡之未已繼其業者宜務善以覆之今又重之以無故居喪以伐人父伐人喪子以喪伐人父加不義於人子施失恩於親以犯中國是父負故惡於前已起大惡於後諸侯果怒而憎之卒而俱至謀共擊之鄭乃恐懼去楚而成蟲牢之盟是也楚與中國俠而擊之鄭罷弊危亡終身愁辜吾本其端無義而敗由輕心然孔子曰道千乘之國敬事而信知其爲得失之大也故禁而慎之今鄭伯既無子

恩又不熟計一舉兵不當被患不窮自取之也是以生不得稱子去其義也死不得書葬見其罪也曰有國者視此行身不放義興事不審時其何如此爾

春秋繁露卷第二

天祿琳琅
乾隆御覽之寶
天祿繼鑑

五福五代堂古稀天子寶

八徵耄念之寶

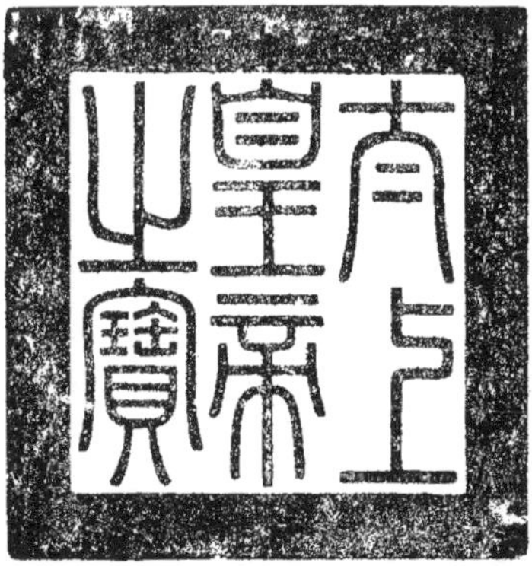
太上皇帝之寶

五福五代堂古稀天子寶

八徵耄念之寶

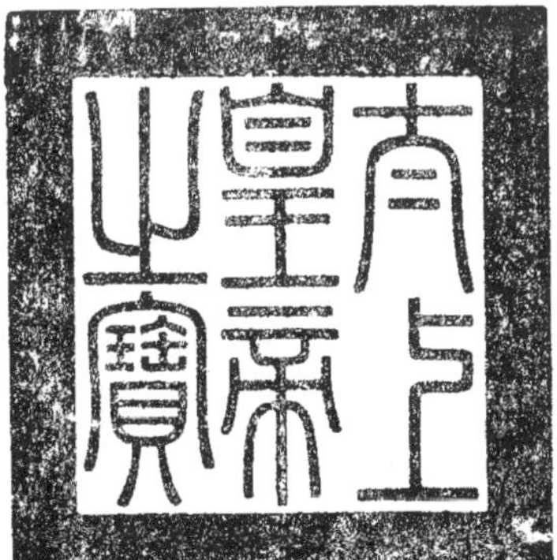
太上皇帝之寶

春秋繁露卷第三

玉英第四

謂一元者大始也知元年志者大人之所重小人之所輕是故治國之端在正名名之正興五世五傳之外美惡乃形可謂得一作冒其眞矣非子路之所能見非其位而即之雖受之先君春秋危之宋繆公是也非其位不受之先君而自即之春秋譏之吳王僚是也雖然苟能行善得衆春秋弗危衛侯晉以正書葬是也俱不宜立而宋繆受之先君而危衛宣弗受先君而不危

以此見得衆心之爲大安也故齊桓非直弗受之先君也乃率弗宜爲君者而立罪亦重矣然而知恐懼敬舉賢人而以自覆蓋知不背要盟以自湔浣也遂爲賢君而霸諸侯使齊桓被惡而無此美得免殺滅乃幸已何霸之有曾桓忘其憂而禍逮其身齊桓憂其憂而立功名推而散之凡人有憂而不知憂者凶有憂而深憂之者吉易曰復自道何其咎此之謂也匹夫之反道以除咎尚難人主之反道以除咎甚易詩云德輶如毛言其易也

公觀魚于棠何惡也凡人之性莫不善義然而不能義者利敗之也故君子終日言不及利欲以勿言愧之而已愧之以塞其源也夫處位動風化者徒言利之名爾猶惡之況求利乎故天王使人求賻求金皆爲大惡而書令非直使人也親自求之是爲甚惡譏何故言觀魚猶言觀社也皆諱大惡之辭也

春秋有經禮有變禮爲如安性平心者經禮也有至於性雖不安於心雖不平其道無以易之此變禮也是故婚禮不稱主人經禮也辭窮無

稱稱主人變禮也天子三年然後稱王經禮也有物故則未三年而稱王變禮也婦人無出境之事經禮也毋爲子娶婦奔喪父母變禮也明乎經變之事然後知輕重之分可與適權矣難者曰春秋事同者辭同此四者俱爲變禮而或達於經或不達於經何也曰春秋理百物辨品類別嫌微脩本末者也是故星墜謂之隕螽墜謂之雨其所發之處不同或降於天或發於地其辭不可同也今四者俱爲變禮也同而其所發亦不同或發於男或發於女其辭不可同也

是或達於常或達於變也
桓之志無王故不書王其志欲立故書即位書即位者言其弒君兄也不書王者以言其背天子是故隱不言正桓不言王者皆從其志以見其事也從賢之志以達其義從不肖之志以著其惡由此觀之春秋之所善善也所不善亦不善也不可不兩省也
經曰宋督弒其君與夷傳言莊公馮殺之不可及於經何也曰非不可及於經其及之端眇不足以類鉤之故難知也傳曰臧孫許與晉郤克

同時而聘乎齊案經無有豈不微哉不書其往而有避也今此傳言莊公馮而於經不書亦以有避也是故不書聘乎齊避所羞也不書莊公馮殺避所善也讓者春秋之所善宣公不與子而與其弟其弟亦不與子而反之兄子雖不中法皆有讓高不可弃也故君子爲之諱不居正之謂避其後亂移之宋督以存善志此亦春秋之義善無遺也若直一作止書其篡則宣繆之高滅而善之無所見矣難者曰爲賢者諱皆言之爲宣繆諱獨弗言何也曰不成於賢也其爲善

不法不可取亦不可棄棄之則棄善志也取之則害王法故不棄亦不載以意見之而已苟志於仁無惡此之謂也

器從名地從主人之謂制權之端焉不可不察也夫權雖反經亦必在可以然之域不在可以然之域故雖死亡終弗爲也公子目夷是也故諸侯父子兄弟不宜立而立者春秋視其國與宜立之君無以異也此皆在可以然之域也至於鄫取乎莒以之爲同居目曰莒人滅鄫此不在可以然之域也故諸侯在不可以然之域者

謂之大德大德無踰閑者謂正經諸侯在可以然之域者謂之小德小德出入可也權譎也尚歸之以奉鉅經耳故春秋之道博而要詳而反一也公子目夷復其君終不與國祭仲已予後改之晉荀息死而不德衛曼姑拒而弗内此四臣事異而同心其義一也目夷之弗予重宗廟祭仲予之亦重宗廟荀息死之貴先君之命曼姑拒之亦貴先君之命也事雖相反所爲同俱爲重宗廟貴先君之命耳難者曰公子目夷祭仲之所爲者皆存之事君善之可矣荀息曼姑

非有此事也而所欲恃者皆不宜立者何以得
載乎義曰春秋之法君立不義立不書大夫立
則書書之者弗予大夫之得立不宜立者也不
書予君之得立之也君之不立宜立者非也既
立之大夫奉之是也荀息曼姑之所得爲義也
難紀季曰春秋之法大夫不得用地又曰公子
無去國之義又曰君子不避外難紀季犯此三
者何以爲賢賢臣固盜地以下敵棄君以避患
乎曰賢者不爲是是故託賢於紀季以見季之
弗爲也紀季弗爲而紀侯使之可知矣春秋之

書事時詭其實以有避也其書人時易其名以有諱也故詭晉文得志之實以代諱避致王也詭莒子號謂之人避隱公也易慶父之名謂之仲孫變盛謂之成諱大惡也然則說春秋者入則詭辭隨其委曲而後得之今紀季受命乎君而經書專無善一名而文見賢此皆詭辭不可不察春秋之於所賢也固順其志而一其辭章其義而褒其美今紀侯春秋之所貴也是以聽其入齊之志而詭其服罪之辭也移之紀季故告糴於齊者實莊公爲之而春秋詭其辭以予

臧孫辰以鄦入于齊者實紀侯爲之而春秋詭其辭以予紀季所以詭之不同其實一也難者曰有國家者人欲立之固盡不聽國滅君死之正也何賢乎紀侯曰齊將復讎紀侯自知力不加而志距之故謂其弟曰我宗廟之主不可以不死也汝以鄦往服罪於齊請以立五廟使我先君歲時有所依歸率一國之衆以衛九世（一作代）之主襄公逐之不去求之弗予上下同心而俱死之故謂之大去春秋賢死義且得衆心也故爲諱滅以爲之諱見其賢之也以其賢之也

見其中仁義也

精華第五

春秋愼辭謹於名倫等物者也是故小夷言伐而不得言戰大夷言戰而不得言獲中國言獲而不得言執各有辭也有小夷避大夷而不得言戰大夷避中國而不得言獲中國避天子而不得言執名倫弗予嫌於相臣之辭也是故小大不踰等貴賤如其倫義之正也

大雩者何旱祭也難者曰大旱雩祭而請雨大水鳴鼓而攻社天地之所爲陰陽之所起也或

請焉或怒焉者何曰大旱者陽滅陰也陽滅陰者尊壓卑也固其義也雖大甚拜請之而已無敢有加也大水者陰滅陽也陰滅陽者卑勝尊也日食亦然皆下犯上以賤傷貴者逆節也故鳴鼓而攻之朱絲而脅之爲其不義也此亦春秋之爲彊禦也故變天地之位正陰陽之序直行其道而不忘其難義之至也是故脅嚴社而不爲不敬靈出天王而不爲不尊上辭父之命而不爲不承親絕母之屬而不爲不孝慈義矣夫一作乎

難者曰春秋之法大夫無遂事又曰出境有可以安社稷利國家者則專之可也又曰大夫以君命出進退在大夫也又曰聞喪徐行而不反也夫既曰無遂事矣又曰專之可也既曰進退在大夫矣又曰徐行不反也若相悖然是何謂也曰四者各有所處得其處則皆是也失其處則皆非也春秋固有常義又有應變無遂事者謂平生安寧也專之可也者謂救危除患也進退在大夫者謂將率用兵也徐行不反者謂不以親害尊不以私妨公也此之謂將得其私知

其指故公子結受命往媵陳人之婦于鄄道生事從齊桓盟春秋弗非以爲救莊公之危公子遂受命使京師道生事之晉春秋非之以爲是時僖公安寧無危而救故有危而不專救謂之不忠無危而擅生事是卑君也故此二臣俱生事春秋有是有非其義然也

齊桓仗賢相之能用大國之資即位五年不能致一諸侯於柯之盟見其大信一年而近國之君畢至鄄幽之會是也其後二十年之閒亦久矣尚未能大合諸侯也至於救邢衛之事見存

亡繼絕之義而明年遠國之君畢至貫澤陽穀之會是也故曰親近者不以言召遠者不以使此其效也其後矜功振而自足而不修德故楚人滅弦而志弗憂江黃伐陳而不往救損人之國而執其大夫不救陳之患而貴陳不離不復安鄭而必欲必之以兵功未良成而志已滿矣故曰管仲之器小哉此之謂也自是日衰九國叛矣

春秋之聽獄也必本其事而原其志志邪者不待成首惡者罪特重本直者其論輕是逢丑父

當斮而轅濤塗不宜執魯季子追慶父而吴季子釋闔廬此四者罪同異論其本殊也俱欺三軍或死或不死俱弑君或誅或不誅聽訟折獄可無審邪故折獄而是也理益明教益行折獄而非也闇理迷衆與教相妨教政之本也獄政之末也其事異域其用一也不可不以相順故君子重之也

難晉事者曰春秋之法未踰年之君稱子蓋人心之正也至里克殺奚齊避此正辭而稱君之子何也曰所聞詩無達詁易無達吉春秋無達

辭從變從義而一以奉人仁人録其同姓之禍固宜異操晉春秋之同姓也驪姬一謀而三君死之天下所共痛也本其所爲爲之者蔽於所欲得位而不見其難也春秋疾其所蔽故去其位辭徒言君之子而已若謂奚齊曰嘻嘻爲大國君之子當貴足矣何以兄之位爲欲居之以至此乎云爾録所痛之辭也故痛之中有痛無罪而受其死者申生奚齊卓子是也惡之中有惡者已立之已殺之不得如他臣之弑君者齊公子商人是也故晉禍痛而齊禍重春秋傷痛

而孰重是以奪晉子繼位之辭與齊子成君之號詳見之也古之人有言曰不知來視諸往今春秋之爲學也道往而明來者也然而其辭體天之微故難知也弗能察寂（一作蒙）若無能察之無物不在是故爲春秋者得一端而多連之見一空而博貫之則天下盡矣魯僖公以亂即位而知親任季子季子無恙之時內無臣下之亂外無諸侯之患行之二十年國家安寧季子卒之後魯不支隣國之患直乞師楚耳僖公之情非輒不肖而國衰益危者何也以無季子也以

魯人之若是也亦知他國之皆若是也以他國之皆若是亦知天下之皆若是也此之謂連而貫之故天下雖大古今雖久以是定矣以所任賢謂之主尊國安所任非其人謂之主卑國危萬全必然無所疑矣其在易曰鼎折足覆公餗夫鼎折足者任非其人也覆公餗者國家傾也是故任非其人而國家不傾者自古至今未嘗聞也故吾按春秋而觀成敗乃切悁悁於前世之興亡也任賢臣者國家之興也夫知不足以知賢無可柰何矣知之不能任大者以死亡小

者以亂危其若是何邪以莊公不知季子賢邪安知病將死召而授以國政以殤公爲不知孔父賢邪安知孔父死已必死趨而救之二主知皆足以知賢而不決不能任故魯莊以危宋殤以弒使莊公蚤用季子而宋殤素任孔父尚將與鄰國豈直弒哉此吾所悁悁而悲者也

春秋繁露卷第三

春秋繁露卷第四

王道第六

春秋何貴乎元而言之元者始也言本正也道王道也王者人之始也王正則元氣和順風雨時景星見黃龍下王不正則上變天賊氣並見五帝三王之治天下不敢有君民之心什一而稅教以愛使以忠敬長老親親而尊尊不奪民時使民不過歲三日民家給人足無怨望忿怒之患強弱之難無讒賊妒嫉之人民脩德而美好被髮銜哺而游不慕富貴恥惡不犯父不哭

子兄不哭弟毒虫不螫猛獸不搏抵虫不觸故天爲之下甘露朱草生醴泉出風雨時嘉禾興鳳凰麒麟遊于郊囹圄空虛晝衣裳而民不犯四夷傳譯而朝民情至朴而不文郊天祀地秩山川以時至封于泰山禪于梁父立明堂宗祀先帝以祖配天天下諸侯各以其職來祭貢土地所有先以入宗廟端冕盛服而後見先德恩之報奉元之應也

桀紂皆聖王之後驕溢妄行侈宮室廣苑囿窮五采之變極飾材之工困野獸之足竭山澤之

利食類惡之獸奪民財食髙雕文刻鏤之觀盡金玉骨象之工盛羽族之飾窮（一作殺）白黑之變深刑妄殺以淩下聽鄭衛之音充傾宮（一作害）之志靈虎兕文采之獸以希見之意賞倿賜讒以糟爲丘以酒爲池孤貧不養殺聖賢而剖其心生燔人聞其臭刳孕婦見其化斮朝涉之足察其拇（一作腑 一作脛）殺梅伯以爲醢刑鬼侯之女取其環誅求無已天下空虛羣臣畏恐莫敢盡忠紂愈自賢周發兵不期會于孟津之上者八百諸侯共誅紂大亡天下春秋以爲戒曰亳社災周

衰天子微弱諸侯力政大夫專國士專邑不能行度制法文之禮諸侯背叛莫修貢聘奉獻天子臣弑其君子弑其父孽殺其宗不能統理更相伐銼以廣地以彊相脅不能制屬彊奄弱衆暴寡富使貧并兼無已臣下上僭不能禁止日爲之食星霣如雨雨螽沙鹿崩夏大雨水冬大雨雪霣石于宋五六鷁退飛霣霜不殺草李梅實正月不雨至於秋七月地震梁山崩壅河三日不流晝晦彗星見于東方孛于一作升大辰鸜鵒來巢春秋異之以此見悖亂之徵孔子明得

夫差貴賤反王道之本譏天王以至太平刺惡譏微不遺小大善無細而不舉惡無細而不去進善誅惡絕諸本而已矣

天王使宰咺來歸惠公仲子之賵刺不及事也天王伐鄭譏親也會王世子譏微也祭公來逆王后譏失禮也刺家父求車武氏毛伯求賻金王人救衛王師敗於貿戎天王不養出居于鄭殺母弟王室亂不能及外分爲東西周無以先天下召衛侯不能致遣子突征衛不能絕伐鄭不能從無駭滅極不能誅諸侯得以大亂篡弑

無巳臣下上偪僭儗天子諸侯强者行威小國
破滅晉至三侵周與天王戰于貿戎而大敗之
戎執凡伯于楚丘以歸諸侯本怨隨惡發兵相
破夷人宗廟社稷不能統理臣子强至弑其君
法度廢而不復用威武絶而不復行故鄭魯易
地晉文再致天子齊桓會王世子擅封邢衛杞
横行中國意欲王天下魯舞八佾北祭泰山郊
天祀地如天子之爲以此之故弑君三十二亡
國五十一細惡不絶之所致也

春秋立義天子祭天地諸侯祭社稷諸山川不

在封內不祭有天子在諸侯不得專地不得專封不得專執天子之大夫不得舞天子之樂不得致天子之賦不得適天子之貴君親無將將而誅大夫不得世大夫不得廢置君命立適以長不以賢立子以貴不以長立夫人以適不以妾天子不臣毋后之黨親迎以來遠故未有不先近而致遠者也故內其國而外諸夏內諸夏而外夷狄言自近者始也

諸侯來朝者得褒邾婁儀父稱字滕薛稱侯荆得人介葛盧得名內出言如諸侯來曰朝大夫

來曰聘王道之意也誅惡而不得遺細大諸侯不得爲匹夫興師不得執天子之大夫執天子之大夫與伐國同罪執凡伯言伐獻八佾諱八言六鄭魯易地諱易言假晉文再致天子諱致言狩桓公存邢衛杞不見春秋内心予之行法絶而不予止亂之道也非諸侯所當爲也春秋之義臣不討賊非臣也子不復讎非子也故誅趙盾賊不討者不書葬臣子之誅也許世子止不嘗藥而誅爲弒父楚公子比脅而立而不免於死齊桓晉文擅封致天子誅絶繼絶存亡侵

伐會同常爲本主曰桓公救中國攘夷狄卒服
楚至爲王者事晉文再致天子皆止不誅善其
牧諸侯奉獻天子而復周室春秋予之爲伯誅
意不誅辭之謂也
魯隱之代桓立祭仲之出忽立突仇牧孔父荀
息之死節公子目夷不與楚國此皆執權存國
行正世之義守惓惓之心春秋嘉氣義焉故皆
見之復正之謂也夷狄邾婁人牟人葛人爲其
天王崩而相朝聘也此其誅也殺世子母弟直
稱君明失親親也魯季子之免罪吳季子之讓

國明親親之恩也閽殺吳子餘祭見刑人之不可近鄭伯髡原卒于會諱殺痛强臣專君君不得爲善也衛人殺州吁齊人殺無知明君臣之義守國之正也衛人立晉美得衆也君將不言率師重君之義也正月公在楚臣子思君無一日無君之意也誅受令恩衛葆以正囹圄之平也言圍成甲午祠兵以別迫脅之罪誅意之法也作南門刻桷丹楹作雉門及兩觀築三臺新延廄譏驕溢不恤下也故臧孫辰請糴于齊孔子曰君子爲國必有三年之積一年不熟乃請

羅失君之職也誅犯始者省刑絕惡疾始也大夫盟于澶淵刺大夫之專政也諸侯會同賢爲主賢賢也春秋記纖芥之失反之王道追古貴信結言而已不至用牲盟而後成約故曰齊侯衛侯胥命于蒲傳曰古者不盟結言而退宋伯姬曰婦人夜出傅母不在不下堂曰古者周公東征則西國怨桓公曰無貯粟無鄣谷無易樹子無以妾爲妻宋襄公曰不鼓不成列不阨人莊王曰古者杅不穿皮不蠹則不出君子篤於禮薄於利要其人不要其土告從不赦不祥强

不凌弱齊頃公弔死視疾孔父正色而立於朝人莫過而致難乎其君齊國佐不辱君命而尊齊侯此春秋之救文以質也救文以質見天下諸侯所以失其國者亦有焉潞子欲合中國之禮義離乎夷狄未合乎中國所以亡也吳王夫差行强於越臣人之王妾人之妻卒以自亡宗廟夷社稷滅其可痛也長王投死於戲豈不哀哉晉靈行無禮處臺上彈羣臣枝解宰人而棄漏陽處父之諫使陽處父死及討趙盾之諫欲殺之卒爲趙穿所殺晉獻公行逆理殺世子申

生以驪姬立奚齊卓子皆殺死國大亂四世乃定幾爲秦所此下疑少一字從一作徙非驪姬起也楚昭王行無度殺伍子胥父兄蔡昭公朝之因請其裘昭公不與吳王非之舉兵加楚大敗之君舍乎君室大夫舍大夫室妻楚王之母貪縣之所致也晉厲公行縣道殺無罪人一朝而殺大臣三人明年臣下畏恐晉國殺之陳侯佗淫乎蔡蔡人殺之古者諸侯出疆必具左右備二師以備不虞今蔡侯恣以身出入民閭至死閭里之庸甚非人君之行也宋閔公矜婦人而心妬與大

夫萬博萬譽魯莊公曰天下諸侯宜爲君唯魯侯爾閔公妬其言曰此虜也爾虜焉知魯侯之美惡乎至萬怒搏閔公絶脰此以與臣博之過也古者人君立於陰大夫立於陽所以別位明貴賤今與臣相對而博置婦人在側此君臣無別也故使萬稱他國卑閔公之意閔公藉萬而身與之博下君自置有辱之婦人之房俱而矜婦人獨得殺死之道也春秋曰大夫不適君遠此過也梁內役（一作取）民無已其民不能堪使民比地爲伍一家亡五家殺刑其民曰先亡者封

後亡者刑君者將使民孝於父母順於長老守丘墓承宗廟世世祀其先今求財不足行罰如將不勝殺戮如屠一作從仇讎其民魚爛而止國中盡空春秋曰梁亡亡者自亡也非人亡之也虞公貪財不顧其難快耳説目受晋之璧屈產之乘假晋師道還以自滅宗廟破毁社稷不祀身死不葬貪財之所致也故春秋以此見物不空來寶不虛出自内出者無匹不行自外至者無主不止此其應也楚靈王行强乎陳蔡意廣以武不顧其行慮所美内罷其衆乾谿有物

女水盡則女見水滿則不見靈王舉發其國而
役三年不罷楚國大怨有行暴意殺無罪臣成
然楚國大懣公子弃疾卒令靈王父子自殺而
取其國虞不離津澤農不去疇土而民相愛也
此非盈意之過耶魯莊公好宮室一年三起臺
夫人內淫兩弟弟兄子父相殺國絶莫繼爲齊
所存夫人淫之過也妃匹貴妾可不慎邪此皆
內自强從心之敗巳見自强之敗尚有正諫而
不用卒皆取亡曹覊諫其君曰戎衆以無義君
無自適一作敵君不聽果死戎寇伍子胥諫吳王

以爲越不可不取吳王不聽至死伍子胥還九年越果大滅吳國秦穆公將襲鄭百里蹇叔諫曰千里而襲人者未有不亡者也穆公不聽師果大敗殽中匹馬隻輪無反者晉假道虞虞公許之宮之奇諫曰唇亡齒寒虞虢之相救非相賜也君請勿許虞公不聽後虞果亡於春秋明此存亡道可觀也觀乎薄社知驕溢之罰觀乎許田知諸侯不得專封觀乎齊桓晉文宋襄楚莊知任賢奉上之功觀乎魯隱祭仲叔武孔父荀息仇牧吳季子公子目夷知忠臣之效觀乎

楚公子比知臣子之道效死之義觀乎潞子知無輔自詛之敗觀乎公在楚知臣子之恩觀乎漏言知忠道之絶觀乎獻六羽知上下之差觀乎宋伯姬知貞婦之信觀乎吳王夫差知强凌弱觀乎晉獻公知逆理近色之過觀乎楚昭王之伐蔡知無義之反觀乎晉厲之妄殺無罪知行暴之報觀乎陳佗宋閔知妒淫之過觀乎虞公梁亡知貪財枉法之窮觀乎楚靈知苦民之壤觀乎魯莊公之起臺知驕奢淫泆之失觀乎衛侯朔知不即召之罪觀乎執凡伯知犯上之

法觀乎晉郄鈌之伐郏婁知臣下作福之誅觀乎公子暈知臣窺覜一作規君之意觀乎世卿知移權之敗故明王視於冥冥聽於無聲天覆地載天下萬國莫敢不悉精共職受命者不示臣下以知之至也故道同則不能相先情同則不能相使此其教也由此觀之未有去人君之權能制其勢者也未有貴賤無差能全其位者也故君子慎之

春秋繁露卷弟四

春秋繁露卷第五

滅國上第五十七

王者民之所往君者不失其羣者也故能使萬民往之而得天下之羣者無敵於天下失國之君三十一亡國之君五十二小國德薄不朝聘大國不與諸侯會聚孤特不相守獨居不同羣遭難莫之救所以亡也非獨公侯大人如此生天地之間根本微者不可遭大風疾雨立鑠消耗衛侯朔固事齊襄而天下患之虞虢并力晉獻難之晉趙盾一夫之士也無尺寸之土無一

介之衆也而靈公據霸王之餘尊而欲誅之窮變極詐詐盡力竭禍大及身推肩之心載小國之位孰能亡之哉故伍子胥一夫之士也去楚干闔廬遂得意於楚所託者誠是何可禦邪楚王髡託其國於子玉得臣而天下畏之虞公託其國於宮之奇晉獻患之及髡殺得臣天下輕之虞公不用宮之奇晉獻亡之存亡之端不可不知也諸侯見加以兵逃遁奔走至於滅亡而莫之救平生之素行可見也隱代桓立所謂僅存耳使無駭帥師滅極內無諫臣外無諸侯之

救載亦由是也宋蔡衛國伐之鄭因其力而取之此無以異於遺重寶於道而莫之守見者掇之也鄧穀失地而朝魯桓鄧穀失地不亦宜乎

滅國下第八

紀侯之所以滅者乃九世之讎也一旦之言危百世之嗣故曰大去衛人侵盛鄭入盛及齊師圍盛三被大兵終滅莫之救所恃者安在齊桓公欲行霸道譚遂違命故滅而奔莒不事大而事小曹伯之所以戰死於位諸侯莫助憂者幽之會齊桓數合諸侯曹小未嘗來也魯大國幽

之會莊公不往戎人乃窺兵於濟西由見魯孤獨而莫之救也此時大夫廢君命專救危者魯莊公二十七年齊桓爲幽之會衛人不來其明年桓公怒而大敗之及伐山戎張旗陳獲以驕諸侯於是魯一年三築臺亂臣比三起於內夷狄之兵仍滅於外衛滅之端以失幽之會亂之本存親內蔽邢未嘗會齊桓也附晉又微晉侯獲於韓而背之淮之會是也齊桓卒豎刁易牙之亂作邢與狄伐其同姓取之其行如此雖爾親庸能親爾乎是君也其滅於同姓衛侯燬滅

邢是也齊桓爲幽之會衛不至桓怒而伐之狄滅之桓憂而立之魯莊爲柯之盟劫汶陽魯絕威立之邢杞未嘗朝聘齊桓見其滅率諸侯而立之用心如此豈不霸哉故以憂天下與之

隨本消息第九

顏淵死子曰天喪予子路死子曰天祝予西狩獲麟曰吾道窮吾道窮三年身隨而卒階此而觀天命成敗聖人知之有所不能救命矣夫先晉獻之卒齊桓爲葵丘之會再致其集先齊孝未卒一年魯僖乞師取穀晉文之威天子再至

先卒一年魯僖公之心分而事齊文公不事晉先齊侯潘卒一年文公如晉衛侯鄭伯皆不期來齊侯已卒諸侯果會晉大夫于新城魯昭公以事楚之故晉人不入楚國强而得意一年再會諸侯伐强吳為齊誅亂臣遂滅厲魯得其威以滅鄫其明年如晉無河上之難先晉昭之卒一年無難楚國內亂臣弒君諸侯會于平丘謀誅楚亂臣昭公不得與盟大夫見執吳大敗楚之黨六國于雞父公如晉而大辱春秋為之諱而言有疾由此觀之所行從不足恃所事者不

可不慎此亦存亡榮辱之要也先楚莊之卒十三年晉滅赤狄潞氏及甲氏留吁先楚子審卒之三年鄭服蕭魚晉侯周卒一年先楚子昭之卒年與陳蔡伐鄭而大克其明年楚屈建會諸侯而張中國卒之三年諸夏之君朝于楚楚子卷繼之四年而卒其國不爲侵奪而顧隆盛強大中國不出年餘何也楚子昭蓋諸侯可者也天下之疾其君者皆起愬而乘之兵四五出常以衆擊少以專擊散義之盡也先卒四五年中國内乖齊晉魯衛之兵分守大國襲小諸夏冊會

陳儀齊不肯往吳在其南而二君殺中國在其北而齊衛殺其君慶封劫君亂國石惡之徒聚而成羣衛衎據陳儀而爲諼林父據戚而以畔宋公殺其世子魯大飢中國之行亡國之迹也譬如於文宣之際中國之君五年之中五君殺以晉靈之行使一大夫立於斐林拱揖指撝諸侯莫敢不出此猶濕之有拔也一作隰之有泮

盟會要第十

至意雖難喻蓋聖人者貴除天下之患貴除天下之患故春秋重而書天下之患徧矣以爲本

於見天下之所以致患其意欲以除天下之患何謂哉天下者無患然後性可善性可善然後清廉之化流清廉之化流然後王道舉禮樂興其心在此矣傳曰諸侯相聚而盟君子修國曰此將率爲也哉是以君子以天下爲憂也患乃至於弑君三十一亡國五十二細惡不絶之所致也辭已喻矣故曰立義以明尊卑之分強幹弱枝以明大小之職別嫌疑之行以明正世之義采摭託意以矯失禮善無小而不舉惡無小而不去以純其美別賢不肖以明其尊親近以

來遠因（一作自）其國而容天下名倫等物不失其理公心以是非賞善誅惡而王澤洽始於除患正一而萬物備故曰大矣哉其號兩言而管天下此之謂也

正貫第十一

春秋大義之所本耶六者之科六者之指之謂也然後援天端布流物而貫通其理則事變散其辭矣故志得失之所從生而後差貴賤之所始矣論罪源深淺定法誅然後絕屬之分別矣立義定尊卑之序而後君臣之職明矣載定下

之賢方表謙義之所在則見復正焉耳幽隱不相踰而近之則密矣而後萬變之應無窮者故可施其用於人而不悖其倫矣是以必明其統於施之宜故知其氣矣然後能食其志也知其聲矣而後能扶其精也知其行矣而後能遂其形也知其物矣然後能別其情也故唱而民和之動而民隨之是知引其天性所好而壓其情之所憎者也如是則言雖約說（一作德）必布矣事雖小功必大矣聲響盛化運于物散入于理德在天地神明休集並行而不竭盈于四海而頌

聲詠書曰八音克諧無相奪倫神人以和乃是謂耶故明於情性乃可與論爲政不然雖勞無功夙夜是悟思慮惓心猶不能睹故天下有非者三示當中孔子之所謂非尚安知通哉

十指第十二

春秋二百四十二年之文天下之大事變之博無不有也雖然大略之要有十指十指者事之所繫也王化之由得流也舉事變見有重焉一指也見事變之所至者一指也因其所以至者而治之一指也强幹弱枝大本小末一指也別

嫌疑異同類一指也論賢才之義別所長之能一指也親近來遠同民所欲一指也承周文而反之質一指也木生火火爲夏天之端一指也切刺譏之所罰考變異之所加天之端一指也舉事變見有重焉則百姓安矣見事變之所至者則得失審矣因其所以至而治之則事之本正矣強幹弱枝大本小末則君臣之分明矣別嫌疑異同類則是非著矣論賢才之義別所長之能則百官序矣承周文而反之質則化所務立矣親近來遠同民所欲則仁恩達矣木生火

火爲夏則陰陽四時之理相受而次矣切刺譏之所罰考異變之所加則天所欲爲行矣統此而舉之仁往而義來德澤廣大衍溢于四海陰陽和調萬物靡不得其理矣說春秋者凡用是矣此其法也

重政第十三

唯聖人能屬萬物於一而繫之元也終（一作故）不及本所從來而承之不能遂其功是以春秋變一謂之元元猶原也其義以隨天地終始也故人唯有終始也而生不必應四時之變故元者

爲萬物之本而人之元在焉安在之乃存乎天地之前故人雖生天氣及奉天氣者不得與天元本天元命而共違其所爲也故春正月者承天地之所爲也繼天之所爲而終之也其道相與共功持業安容言乃天地之元天地之元奚爲於此惡施於人大其貫承意之理矣能說鳥獸之類者非聖人所欲說也聖人所欲說在於說仁義而理之知其分科條別貫所附明其義之所審勿使嫌疑是乃聖人之所貴而已矣不然傳於衆辭觀於衆物說不急之言而以惑後

進者君子之所甚惡也奚以爲哉聖人思慮不
厭晝日繼之以夜所後萬物察者仁義矣由此
言之尚自爲得之哉故曰於乎爲人師者可無
慎邪夫義出於經經傳大本也弃營勞心也苦
志盡情頭白齒落尚不合自録也哉人始生有
大命是其體也有變命存其間者其政也政不
齊則人有忿怒之志若將施危難之中而時有
隨遭者神明之所接絶屬之符也亦有變其間
使之不齊如此不可不省之省之則重政之本
矣撮以爲一進義誅惡絶之本而以其施此與

湯武同而有異湯武用之治往故春秋明得失差貴賤本之天王之所失天下者使諸侯得以大亂之說而後引而反之故曰博而明切而深矣

春秋繁露卷弟五

五福五代堂古稀天子寶

八徵耄念之寶

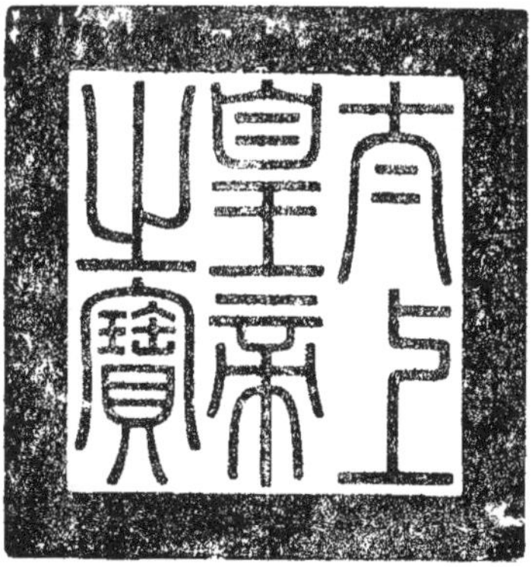
太上皇帝之寶

五福五代堂古稀天子寶

八徵耄念之寶

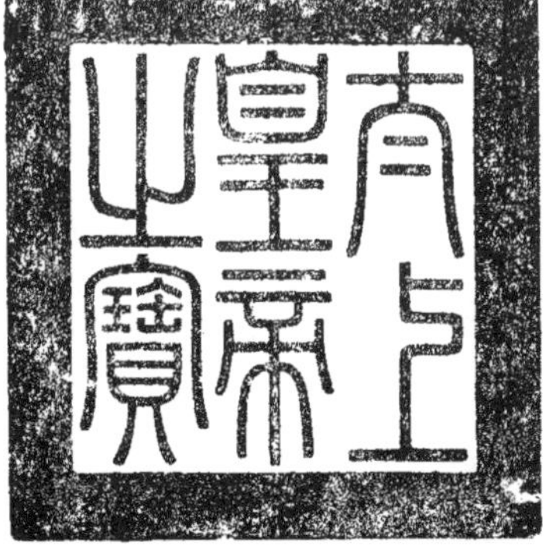
太上皇帝之寶

春秋繁露卷第六

服制像第十四

天地之生萬物也以養人故其可食者以養身體其可威者以爲容服禮之所爲興也劒之在左青龍之象也刀之在右白虎之象也鉤之在前赤鳥之象也冠之在首玄武之象也四者人之盛飾也夫能通古今別然不然乃能服此也一作通古別令然後能服此也蓋玄武者貌之最嚴有威者也其象在右一作後其服反居首武之至而不用矣聖人之所以超然雖欲從之末由也巳夫執介

胄而後能拒敵者，故非聖人之所貴也。君子顯之於服，而勇武者消其志於貌也矣。故文德爲貴，而威武爲下，此天下之所以永全也。於春秋何以言之？孔父義形於色，而姦臣不敢容邪；虞有宮之奇，而獻公爲之不寐；晉厲之彊，中國以寢尸流血不已。故武王克殷，裨冕而搢笏，虎賁之士說劒，安在勇猛必任武殺然後威？是以君子所服爲上矣，故望之儼然者亦已至哉！豈可不察乎。

二端第十五

春秋至意有二端不本二端之所從起亦未可與論災異也小大微著之分也夫覽求微細於無端之處誠知小之爲大也微之將爲著也吉凶未形聖人所獨立也雖欲從之末由也已此之謂也故王者受命改正朔不順數而往必迎來而受之者授受之義也故聖人能繫心於微而致之著也是故春秋之道以元之深正天之端以天之端正王之政以王之政正諸侯之位五者俱正而化大行然書日蝕星隕有蜮山崩地震夏大雨水冬大雨雹隕霜不殺草自正月

不雨至于秋七月有鸜鵒來巢，春秋異之，以此見悖亂之徵。是小者不得大，微者不得著，雖甚末（一作其本末），亦一端。孔子以此效之，吾所以貴微重始是也。因惡夫推災異之象於前，然後圖安危禍亂於後者，非春秋之所甚貴也，然而春秋舉之以爲一端者，亦欲其省天譴而畏天威，内動於心志，外限於事情，修身審己，明善心以反道者也，豈非貴微重始、慎終推效者哉！

符瑞第十六

有非力之所能致而自致者，西狩獲麟，受命之符是也然後託乎春秋正不正之閒而明改制之義一統乎天子而加憂於天下之憂也務除天下所患而欲以上通五帝下極三王以通百王之道而隨天之終始博得失之效而攷命象之爲極理以盡情性之宜則天容遂矣百官同望異路壹之上在主率之者在相

俞序第十七

仲尼之作春秋也上探（一作深）正天端王公之位萬民之所欲（一作始）下明得失起賢才以待後聖故引史記理往事正是非見王公史記十二公

之間皆衰世之事故門人惑孔子曰吾一無曰吾字因其行事而加乎王心焉以爲見之空言不如行事博深切明故子貢閔子公肩子言其切而爲國家賢也其爲切而至於殺君亡國奔走不得保社稷其所以然是皆不明於道不覽於春秋也故衛子夏言有國家者不可不學春秋不學春秋則無以見前後旁側之危則不知國之大柄君之重任也故或脅窮失國揜殺於位一朝至爾茍能述春秋之法致行其道豈徒除禍哉乃堯舜之德也故世子曰功及子孫光輝百

世聖王之德莫美於恕故予先言春秋詳己而略人因其國而容天下春秋之道大得之則以王小得之則以霸故曾子子石盛美齊侯安諸侯尊天子霸王之道皆本於仁仁天心故次以天心愛人之大者莫大於思患而豫防之故蔡得意於吳魯得意於齊而春秋皆不告故次以言怨人不可邇敵國不可狎攘竊之國不可使久親皆防患爲民除患之意也不愛民之漸乃至於死亡故言楚靈王晉厲公生弑於位不仁之所致也故善宋襄公不厄人不由其道而勝

不如由其道而敗春秋貴之將以變習俗而成王化也故子夏言春秋重人諸譏皆本此或奢侈使人憤怨或暴虐賊害人終皆禍及身故子池言魯莊築臺丹楹刻桷晉厲之刑刻意者皆不得以壽終上奢侈刑又急皆不內恕求備於人故次以春秋緣人情赦小過而傳明之曰君子辭也孔子明得失見成敗疾時（一無時字）世之不仁失王道之體故緣人情赦小過傳又明之曰君子辭也孔子曰吾因行事加吾王心焉假其位號以正人倫因其成敗以明順逆故其所善

則桓文行之而遂其所惡則亂國行之終以敗故始言大惡殺君亡國終言赦小過是亦始於麤粗終於精微教化流行德澤大洽天下之人人有士君子之行而少過矣亦譏二名之意也

離合根第十八

天高其位而下其施藏其形而見其光高其位所以爲尊也下其施所以爲仁也藏其形所以爲神見其光所以爲明故位尊而施仁藏神而見光者天之行也故爲人主者法天之行是故內深藏所以爲神外博觀所以爲明也任羣賢

所以為受成乃不自勞於事所以為尊也汎愛羣生不以喜怒賞罰所以為仁也故為人主者以無為為道以不私為寶立無為之位而乘備具之官足不自動而相者導進口不自言而擯者贊辭心不自慮而羣臣效當故莫見其為之而功成矣此人主所以法天之行也為人臣者法地之道暴其形出其情以示人高下險易堅耎剛柔肥臞美惡累一無累字可就財也故其形宜不宜可得而財也為人臣者比地貴信而悉見其情於主主亦得而財之故王道威而不失為

人臣常竭情悉力而見其短（一作所）長使主上得而器使之而猶地之竭竟其情也故其形（一無形字）宜可得而財也

立元神第十九

君人者國之元發言動作萬物之樞機樞機之發榮辱之端也失之毫釐駟不及追故為人君者謹本詳始敬小慎微志如死灰形如委衣安精養神寂寞無為休形無見影揜聲無出響虛心下士觀來察往謀於衆賢考求衆人得其心徧見其情察其好惡以參忠佞考其往行驗之

於令計其畜積受於先賢釋其仇怨視其所爭差其族黨所依爲臬（一作宗）據位治人用何（一作苛）爲名（一作明）累日積久何功不成可以內參外可以小占大必知其實是謂開闔君人者國之本也夫爲國其化莫大於崇本崇本則君化若神不崇本則君無以兼人無以兼人雖峻刑重誅而民不從是所謂驅國而弃之者也患孰甚焉何謂本曰天地人萬物之本也天生之地養之人成之天生之以孝悌地養之以衣食人成之以禮樂三者相爲手足合以成體不可一無也

無孝悌則亡其所以生無衣食則亡其所以養
無禮樂則亡其所以成也三者皆亡則民如麋
鹿各從其欲家自爲俗父不能使子君不能使
臣雖有城郭名曰虛邑如此者其君枕塊而僵
莫之危而自危莫之喪而自亡是謂自然之罰
自然之罰至裹襲石室分障險阻猶不能逃之
也明主賢君必於其信是故肅愼三本郊祀致
敬共事祖禰舉顯孝悌表異孝行所以奉天本
也秉耒躬耕採桑親蠶墾草殖穀開闢以足衣
食所以奉地本也立辟廱庠序修孝悌敬讓明

以教化感以禮樂所以表人本也三者皆奉則民如子弟不敢自專邦如父母不待恩而愛不須嚴而使雖野居露宿厚於宮室如是者其君安枕而卧莫之助而自強莫之綏而自安是謂自然之賞自然之賞至雖退讓委國而去百姓繈負其子隨而君之君亦不得離也故以德爲國者甘於飴蜜固於膠漆是以聖賢勉而崇本而不敢失也君人者國之證也不可先倡感而後應故居倡之位而不行倡勢不居和之職而以和爲德常盡其下故能爲之上也

體國之道在於尊神尊者所以奉其政也神者所以就其化也故不尊不畏不神不化夫欲爲尊者在於任賢欲爲神者在於同心賢者備股肱則君尊嚴而國安同心相承則變化若神莫見其所爲而功德成是謂尊神也

天積衆精以自剛聖人積衆賢以自强天序日月星辰以自光聖人序爵禄以自明天所以剛者非一精之力聖人所以强者非一賢之德也故天道務盛其精聖人務衆其賢盛其精而壹其陽衆其賢而壹其心壹其陽然後可以致其

神同其心然後可以致其功是以建治之術貴
得賢而同心爲人君者其要貴神神者不可得
而視也不可得而聽也是故視而不見其形聽
而不聞其聲聲之不聞故莫得其響不見其形
故莫得其影莫得其影則無以曲直也莫得其
響則無以清濁也無以曲直則其功不可得而
敗無以清濁則其名不可得而度也所謂不見
其形者非不見其進止之形也言其所以進止
不可得而見也所謂不聞其聲者非不聞其號
令之聲也言其所以號令不可得而聞也不見

不聞是謂冥昏能冥則明能昏則彰能冥能昏
是謂神人君貴居冥而明其位處陰而向陽惡
人見其情而欲知人之心是故爲人君者執無
源之慮行無端之事以不求奪以不問問吾以
不求奪則我利矣彼以不出出則彼費矣吾以
不問問則我神矣彼以不對對則彼情矣故終
日問之彼不知其所對終日奪之彼不知其所
出吾則以明而彼不知其所亡故人臣居陽而
爲陰人君居陰而爲陽陰道尚形而露情陽道
無端而貴神

保位權第二十

民無所好君無以權也民無所惡君無以畏也無以權無以畏則君無以禁制也無以禁制則比肩齊勢而無以爲貴矣故聖人之治國也因天地之情性孔竅之所利以立尊卑之制以等一作異貴賤之差設官府爵禄利五味盛五色調五聲以誘其耳目自令清濁昭然殊體榮辱踔然相駮以感動其心務致民令有所好有所好然後可得而動也故設賞以勸之有所好必有所惡有所惡然後可得而畏也故設罰以畏之

既有所勸又有所畏然後可得而制制之者制其所好是以勸賞而不得多也制其所惡是以畏罰而不得過也所好多則作福所惡過則作威作威則君亡權天下相怨作福則君亡德天下相賊故聖人之制民使之有欲不得過節使之敦朴不得無欲無欲有欲各得以足而君道得矣國之所以爲國者德也君之所以爲君者威也故德不可共威不可分德共則失恩威分則失權失權則君賤失恩則民散民散則國亂君賤則臣叛是故爲人君者固守其德以附其

民固執其權以正其臣聲有順逆必有清濁形有善惡必有曲直故聖人聞其聲則別其清濁見其形則異其曲直於濁之中必知其清於清之中必知其濁於曲之中必見其直於直之中必見其曲於聲無細而不取於行無小而不舉不以著蔽微不以衆揜寡各應其事以致其報白黑分明然後民知所去就民知所去就然後可以致治是謂象則（一作副）爲人君者居無爲之位行不言之教寂而無聲靜而無形執一無端爲國源泉因國以爲身因臣以爲心以臣言爲

聲以臣事爲形有聲必有響有形必有影聲出於內響報於外形立於上影報於下響有清濁影有曲直響所報非一聲也影所應非一形也故爲君虛心靜處聰聽其響明視其影以行賞罰之象其行賞罰也響清則生清者榮響濁則生濁者辱影正則生正者進影枉則生枉者絀擥名考質以參其實賞不空施罰不虛出是以羣臣分職而治各敬而事爭進其功顯廣其名而人君得載其中此自然致力之術也聖人由之故功出於臣名歸於君也

春秋繁露卷弟六

春秋繁露卷第七

考功名第二十一

考績之法考其所積也天道積聚衆精以爲光聖人積聚衆善以爲功故日月之明非一精之光也聖人致太平非一善之功也明所從生不可爲源善所從出不可爲端量勢立權因事制義故聖人之爲天下興利也其猶春氣之生草也各因其生小大而量其多少其爲天下除害也若川瀆之寫於海也各阻其埶傾側而制於南北故異孔而同歸殊施而鈞德其趣於興利

除害一也是以興利之要在於致之不在於多少除害之要在於去之不在於南北考績絀陟計事除廢（一作費）有益者謂之公無益者謂之煩擘名責實不得虛言有功者賞有罪者罰功盛者賞顯罪多者罰重不能致功雖有賢名不予之賞官職不廢雖有愚名不加之罰賞罰用於實不用於名賢愚在於質不在於文故是非不能混（一作詐奇不能枉）喜怒不能傾姦軌不能弄（一作筭）萬物各得其真（一作貴非）則百官勸職爭進其功考試之法大者緩小者急貴者舒而賤者促諸

侯月試其國州伯時試其部四試而一考天子歲試天下三試而一考前後三考而絀陟命之曰計考試之法合其爵祿并其秩積其日陳其實計功量罪以多除少以爲名定實先内第之其先比二三分以爲上中下以考進退然後外集通名曰進退增減多少有率爲第九分三三列之亦有上中下以爲一最五爲中九爲殿有餘歸之於中中而上者有得中而下者有負得少者以一益之至於四負多者以四減之至於一皆逆行三四十二而成於計得滿計者絀陟

之次次每計各逐其弟以通來數初次再計次
次四計各不失故弟而亦滿計陟絀之
初次再計謂上弟二也次次四計謂上弟三也
九年爲一弟二得九并去其六爲置三弟六六
得等爲置二并中者得三盡去之并三三計得
六并得一計得六此爲四計也絀者亦然

通國身弟二十二

氣之清者爲精人之清者爲賢治身者以積精
爲寶治國者以積賢爲道身以心爲本國以君
爲主精積於其本則血氣相承受賢積於其主

則上下相制使血氣相承受則形體無所苦上下相制使則百官各得其所形體無所苦然後身可得而安也百官各得其所然後國可得而守也夫欲致精者必虛靜其形欲致賢者必卑謙其身形靜志虛者氣精之所趣也謙尊自卑者仁賢之所事也故治身者務執虛靜以致精治國者務盡卑謙以致賢能致精則合明而壽仁能致賢則德澤洽而國太平

三代改制質文第二十三

春秋曰王正月傳曰王者孰謂謂文王也曷爲

先言王而後言正月王正月也何以謂之王正月曰王者必受命而後王王者必改正朔易服色制禮樂一統於天下所以明易姓非繼仁通以已受之於天也王者受命而王制此月以應變故作科以奉天地故謂之王正月也王者改制作科奈何曰當十二色歷各法而正色逆數三而復緇三之前曰五帝帝迭首一色順數五帝相復禮樂各以其法象其宜順數四而相復咸作國號遷宮邑易官名制禮作樂故湯受命而正應天變夏作殷號時正曰統故親夏虞絀

唐謂之帝堯以神農爲赤帝作宮邑于下洛之陽名相官曰尹一作名相曰宮尹爵謂之帝舜軒轅曰黃帝推神農以爲九星作宮邑於豐名曰相宮宰作武樂制文禮以奉天武王受命作宮邑于鄗制爵五等作象樂繼文以奉天周公輔成王受命作宮于洛陽成文武之制作汋樂以奉天殷湯之後稱邑示天之變反命故天子命無常唯命是德慶故春秋應天作新王之事時王黑統正魯尚黑絀夏新周故宋樂宜親招武故以虞錄親樂制宜商合伯子男爲一等然則其略

說桼何曰三正以黑統初正日月朔于營室斗
建寅天統氣始通化物物見萌達其色黑故朝
正服黑首服藻黑正路輿質黑馬黑大節綬幘
尚黑旗黑大寶玉黑郊牲黑犧牲角卵冠于阼
昏禮逆于庭喪禮殯于東階之上祭牲黑牡薦尚
肝樂器黑質法不刑有懷任新産是月不殺聽
朔廢刑發德具存二王之後也親赤統故日分
平明平明朝正正白統桼何曰正白統者歷正
日月朔于虛斗建丑天統氣始蜕化物物始芽
其色白故朝正服白首服藻白正路輿質白馬

白大節綏幘尚白旗白大寶玉白郊牲白犧牲
角繭冠于堂昏禮逆于堂喪事殯于楹柱之間
祭牲白牡薦尚肺樂器白質法不刑有身懷任
是月不殺聽朔廢刑發德具存二王之後也親
黒統故日分鳴晨晨鳴朝正正赤統奈何曰正
赤統者大節綏幘尚赤旗赤大寶玉赤郊牲騂
犧牲角栗冠于房昏禮逆于戶喪禮殯于西階
之上祭牲騂牡薦尚心樂器赤質法不刑有身
重懷藏以養微是月不殺聽朔廢刑發德具存
二王之後也親白統故日分夜半夜半朝正改

正之義奉元而起古之王者受命而王改制稱
號正月服色定然後郊告天地及羣臣遠追祖
禰然後布天下諸侯廟受以告社稷宗廟山川
然後感應一其司三統之變近夷微方無有生
煞者獨中國然而三代改正必以三統天下曰
三統五端化四方之本也天始廢始施地必待
中是故三代必居中國法天奉本執端要以統
天下朝諸侯也是以朝正之義天子純統色衣
諸侯統衣纏緣紐大夫士以冠參近夷以綏遐
方各衣其服而朝所以明乎天統之義也其謂

統三正者曰正者正也統致其氣萬物皆應而正統正其餘皆正凡歲之要在正月也法正之道正本而末應正內而外應動作舉錯靡不變化隨從可謂法正也故君子曰武王其以正月矣春秋曰杞伯來朝王者之後稱公杞何以稱伯春秋上黜夏下存周以春秋當新王春秋當新王者柰何曰王者之法必正號絀王謂之帝封其後以小國使奉祀之下存二王之後以大國使服其服行其禮樂稱客其朝故同時稱帝者五稱王者三所以昭五端通三統也是故

人之王尚推神農爲九皇而改號軒轅謂之黃帝因存帝顓頊帝嚳帝堯之帝號絀虞而號舜曰帝舜録五帝以小國下存禹之後於杞存湯之後於宋以方百里爵號公皆使服其服行其禮樂稱先王客而朝春秋作新王之事變周之制當正黑統而殷周爲王者之後絀夏改號禹謂之帝録其後以小國故曰絀夏存周以春秋當新王不以侯（恐是侯）弗同王者之後也稱子又稱伯何見殊之小國也黃帝之先謚四帝之後謚何也曰帝號必存五帝代首天之色號至五

而反周人之王軒轅直首天黄號故曰黄帝云
帝號尊而謚卑故四帝後謚也帝尊號也録以
小何曰遠者號尊而地小近者號卑而地大親
疎之義也故王者有不易者有再而復者有三
而復者有四而復者有五而復者有九而復者
明此通天地陰陽四時日月星辰山川人倫德
侔天地者稱皇帝天祐而子之號稱天子故聖
王生則稱天子崩遷則存爲三王絀滅則爲五
帝下至附庸絀爲九皇下極其爲民有一謂之
三代故雖絶地廟位祝牲猶列于郊號宗于代

宗故曰聲名魂魄施于虛極壽無疆何謂冊而
復四而復春秋鄭忽何以名春秋曰伯子男一
也辭無所貶何以爲一曰周爵五等春秋三等
春秋何三等曰王者以制壹商壹夏壹質壹文
商質者主天夏文者主地春秋者主人故三等
也主天法商而王其道佚陽親親而多仁樸故
立嗣予子篤母弟妾以子貴昏冠之禮字子以
父別眇夫婦對坐而食喪禮別葬祭禮先臊夫
妻昭穆別位制爵三等祿士二品制郊宮明堂
員其屋高嚴侈員惟祭器員玉厚九分白藻五

絲衣制大上首服嚴員鸞輿尊蓋法天列象垂
四鸞樂載鼓用錫儛儛溢員先血毛而後用聲
正刑多隱親戚多諱封禪于尚位主地法夏而
王其道進陰尊尊而多義節故立嗣與孫篤世
子妾不以子稱貴號昏冠之禮字子以母別眇
夫婦同坐而食喪禮合葬祭禮先亨婦從夫爲
昭穆制爵五等禄士三品制郊宮明堂方其屋
卑汚方祭器方玉厚八分白藻四絲衣制大下
首服卑退鸞輿卑法地周象載垂二鸞樂設鼓
用纖施儛儛溢方先亨而後用聲正刑天法封

壇于下位
主天法質而王其道佚陽親親而多質愛故立嗣子子篤母弟妾以子貴昏冠之禮字子以父別眇夫妻對坐而食喪禮別葬祭禮先嘉疏夫婦昭穆別位制爵三等祿士二品制郊宮明堂內員外楕（音妥圓長曰楕一作隨）其屋如倚靡員楕祭器楕玉（一無此字）厚七分白藻三絲衣長前衽首服員轉鸞輿尊蓋備天列象垂四鸞鸞樂程鼓用羽籥舞舞溢楕先用玉聲而後烹（一作享）正刑多隱親戚多赦封壇于左位

主地法文而王其道進陰尊尊而多禮文故立嗣予孫篤世子妾不以子稱貴號昏冠之禮字子以母別眇夫妻同坐而食喪禮合葬祭禮先秬鬯婦從夫爲昭穆制爵五等禄士三品制郊宮明堂內方外衡其屋習而衡祭器衡同作秩机玉厚六分白藻三絲衣長後衽服首一無首字習而垂流鑾輿卑備地周象載垂二鸞樂縣鼓用萬儛儛儛溢衡先烹而後用樂正刑文公未詳封壇于左位

四法脩于所故祖于先帝故四法如四時然終

而復始窮則反本四法之天施符授聖人王法則性命形乎先祖大昭乎王君故天將授舜主天法商而王祖錫姓爲姚氏至舜形體大上而員首而明有二童子性長於天文純於孝慈天將授禹主地法夏而王祖錫姓爲姒氏至於生發於背形體長長足肵疾行先左隨以右勞左佚右也性長於行習地明水天將授湯主天法質而王祖錫姓爲子氏謂契母吞玄鳥卵生契契先發於胷性長於人倫至湯體長專小足左扁而右便勞右佚左也性長於天光質易純仁

天將授文王主地法文而王祖錫姓姬氏謂后稷母姜原履天之跡而生后稷后稷長於邰土播田五穀至文王形體博長有四乳而大足性長於地文勢故帝使禹皐論姓知殷之得陽德也故以子爲姓知周之得陰德也故以姬爲姓故殷王改文書始以男（一作以男書子）周王以女書姬故天道各以其類動非聖人孰能明之

官制象天第二十四

王者制官三公九卿二十七大夫八十一元士凡百二十人而列臣備矣吾聞聖王所取儀金

天之大經三起而成四轉而終官制亦然者此其儀與三人而爲一選儀於三月而爲一時也四選而止儀於四時而終也三公者王之所以自持也天以三成之王以三自持立成數以爲植而四重之其可以無失矣備天數以參事治謹於道之意也此百二十臣者皆先王之所與直道而行也是故天子自參以三公三公自參以九卿九卿自參以三大夫三大夫自參以三士三人爲選者四重自三之道以治天下若天之四重自三之時以終始歲也一陽而三春非

自三之時與而天四重之其數同矣天有四時時三月王有四選選三臣是故有孟有仲有季一時之情也有上有下有中一選之情也三臣而爲一選四選而止人情盡矣人之材固有四選如天之時固有四變也聖人爲一選君子爲一選善人爲一選正人爲一選由此而下者不足選也四選之中各有節也是故天選四堤一作堪十二而人變盡矣盡人之變合之天唯聖人者能之所以立王事也何謂天之大經三起而成日三日而成規三旬而成月三月而成時三

時而成功寒暑與和三而成物日月與星三而成光天地與人三而成德由此觀之三而一成天之大經也以此爲天制是故禮三讓而成一節官三人而成一選三公爲一選三卿爲一選三大夫爲一選三士爲一選凡四選三臣應天之制凡四時之三月也是故其以三爲選取諸天之經其以四時爲制取諸天之時其以十二臣爲一條取諸歲之度其至十條而止取之天端何謂天之端曰天有十端十端而止矣天爲一端地爲一端陰爲一端陽爲一端火爲一端

金爲一端木爲一端水爲一端土爲一端人爲一端凡十端而畢天之數也天數畢於十王者受十端於天而一條之率每條一端以十二時如天之每終一歲以十二月也十者天之數也十二者歲之度也用歲之度條天之數十二而天數畢是故終十歲而用百二十月條十端亦用百二十臣以率被之皆合於天其率三臣而成一慎故八十一元士爲二十七慎以持二十七大夫二十七大夫爲九慎以持九卿九卿爲三慎以持三公三公爲一慎以持天子天子積

四十慎以爲四選選十慎三臣皆天數也是故以四選率之則選三十人三四十二百二十人亦天數也以十端四選十端積四十慎慎三臣三四十二百二十人亦天數也以三公之勞率之則公四十人三四十二百二十人亦天數也故散而名之爲百二十臣選而賓之爲十二長所以名之雖多莫若謂之四選十二長然而分別率之皆有所合無不中天數者也求天數之微莫若於人人之身有四肢每肢有三節三四十二十二節相持而形體立矣天有四時每一

時有三月三四十二二十二月相受而歲數終矣官有四選每一選有三人三四十二二十二臣相參而事治行矣以此見天之數人之形官之制參相得也人之與天多此類者而皆微忽不可不察也天地之理分一歲之變以爲四時四時亦天之四選已是故春者少陽之選也夏者太陽之選也秋者少陰之選也冬者太陰之選也四選之中各有孟仲季是選之中有選故一歲之中有四時一時之中有三長天之節也人生於天而體天之節故亦有大小厚薄之變人之

氣也先王因人之氣而分其變以爲四選是故三公之位聖人之選也三卿之位君子之選也三大夫之位善人之選也三士之位正直之選也分人之變以爲四選選立三臣如天之分歲之變以爲四時時有三節也天以四時之選與十二節相和而成歲王以四位之選與十二相砥礪而致極道必極於其所至然後能得天地之美也

堯舜不擅移湯武不專殺第二十五

堯舜何緣而得擅移天下哉孝經之語曰事父

孝故事天明事天與父同禮也今父有以重子子子不敢擅予他人人心皆然則王者亦天之子也天以天下予堯舜堯舜受命於天而王天下子猶安敢擅以所重受天者予他人也天有不以予堯舜漸奪之故明爲子道則堯舜之不私傳天下而擅移位也無所疑也儒者以湯武爲至賢大聖也以爲全道究義盡美者故列之堯舜之謂聖王如法則之今足下以湯武爲不義然則足下之所謂義者何世之王也曰弗知弗知者以天下王爲無義者耶其有義者而足

下不知耶則荅之以神農應之曰神農氏之爲天子與天地俱起乎將有所伐乎神農氏有所伐可湯武有所伐獨不可何也且天之生民非爲王也而天立王以爲民也故其德足以安樂民者天予之其惡足以賊害民者天奪之詩云殷士膚敏祼將于京侯服于周天命靡常言天之無常予無常奪也故封太山之上禪梁父之下易姓而王德如堯舜者七十二人王者天之所予也其所伐皆天之所奪也今唯以湯武之伐桀紂爲不義則七十二王亦有伐也推足下

之説將以七十二王爲皆不義也故夏無道而殷伐之殷無道而周伐之周無道而秦伐之秦無道而漢伐之有道伐無道此天理也所從來久矣寧能至湯武而然耶夫非湯武之伐桀紂者亦將非秦之伐周非徒不知天理又不明人禮禮子爲父隱惡今使伐人者而信不義當爲國諱之豈宜如誹謗者此所謂一言而再過者也君也者掌之者也令行而禁止也今桀紂令天下而不行禁天下而不止安在其能臣天下也果不能臣天下何謂湯武弒

服制第二十六

率得十六萬國三分之則各度爵而制服量祿而用財飲食有量衣服有制宮室有度畜產人徒有數舟車甲器有禁生則有軒冕之服位貴祿田宅之分死則有棺槨絞衾壙襲之度雖有賢才美體無其爵不敢服其服雖有富家多貲無其祿不敢用其財天子服有文章夫人不得以燕饗公以廟將軍大夫不得以燕卿以廟將軍大夫以朝官吏以命士止於帶緣散民不敢服雜采百工商賈不敢服狐貉刑餘戮民不敢

服絲玄纁乘馬謂之服制

春秋繁露卷第七

五福五代堂古稀天子寶

八徵耄念之寶

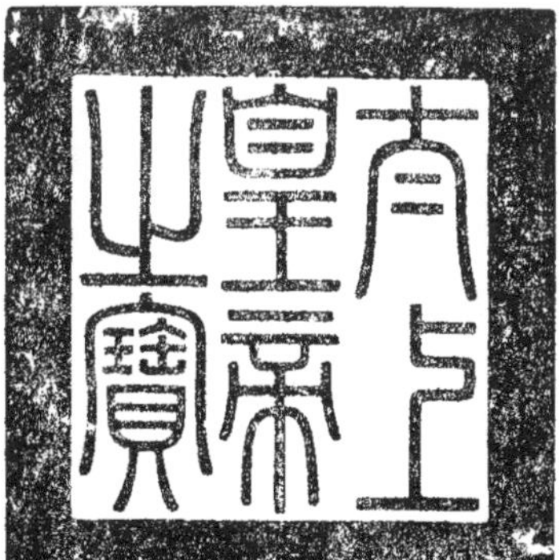
太上皇帝之寶

五福五代堂古稀天子寶

八徵耄念之寶

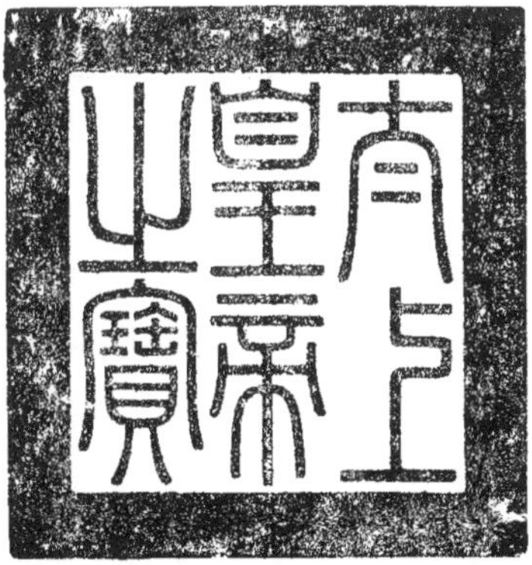
太上皇帝之寶

春秋繁露卷弟八

度制弟二十七 一名調均篇

孔子曰不患貧而患不均故有所積重則有所空虛矣大富則驕大貧則憂憂則爲盜驕則爲暴此衆人之情也聖者則於衆人之情見亂之所從生故其制人道而差上下也使富者足以示貴而不至於驕貧者足以養生而不至於憂以此爲度而調均之是以財不遺而上下相安故易治也今世弃其度制而各從其欲欲無所窮而俗得自恣其勢無極大人病不足於上而

小民贏瘠於下則富者愈貪利而不肯爲義貧
者日犯禁而不可得止是世之所以難治也
孔子曰君子不盡利以遺民詩云彼有遺秉此
有不斂穧伊寡婦之利故君子仕則不稼田則
不漁食時不力珍大夫不坐羊士不坐犬詩曰
采葑采菲無以下體德音莫違及爾同死以此
防民民猶忘義而爭利以亡其身天不重與有
角不得有上齒故已有大者不得有小者天數
也夫已有大者又兼小者天不能足之況人乎
故明聖者象天所爲爲制度使諸有大奉祿亦

皆不得兼小利與民爭利業乃天理也凡百亂之原皆出嫌疑纖微以漸寖稍長至於大聖人章其疑者別其微者絕其纖者不得嫌以蚤防之聖人之道衆隄防之類也謂之度制謂之禮節故貴賤有等衣服有別朝廷有位鄉黨有序則民有所讓而民不敢爭所以一之也書曰轝服有庸誰敢弗讓敢不敬應此之謂也

凡衣裳之生也爲蓋形煖身也然而染五采飾文章者非以爲益肌膚血氣之情也將以貴貴尊賢而明別上下之倫使教亟行使化易成爲

治爲之也若去其度制使人人從其欲快其意以逐無窮是大亂人倫而靡斯財用也失文采所遂生之意矣上下之倫不別其埶不能相治故苦亂也嗜欲之物無限其數不能相足故苦貧也今欲以亂爲治以貧爲富非反之制度不可古者天子衣文諸侯不以燕大夫以祿亦不以燕庶人衣縵此其大略也

爵國第二十八

春秋曰會宰周公又曰公會齊侯宋公鄭伯許男滕子又曰初獻六羽傳曰天子三公稱公王

者之後稱公其餘大國稱侯小國稱伯子男凡五等故周爵五等士三品文多而實少春秋三等合伯子男為一爵士二品文少而實多春秋曰荆傳曰氏不若人人不若名名不若字凡四等命曰附庸三代共之然則其地列奈何曰天子邦圻千里公侯百里伯七十里子男五十里附庸字者方三十里名者方二十里人氏者方十五里春秋曰宰周公傳曰天子三公祭伯來傳曰天子大夫宰渠伯糾傳曰下大夫石尚傳曰天子之士也王人傳曰微者謂下士也凡五

等春秋曰作三軍傳曰何以書譏何譏爾古者上卿下卿上士下士凡四等小國之大夫與次國下卿同次國大夫與大國下卿同大國下大夫與天子下士同二十四等祿八差有大功德者受大爵土功德小者受小爵土大材者執大官位小材者受小官位如其能宣治之至也故萬人者曰英千人者曰俊百人者曰傑十人者曰豪豪傑俊英不相陵故治天下如視諸掌上其數何法以然曰天子分左右五等三百六十三人法天一歲之數五時色之象也通佐十上

卿與下卿而二百二十人天庭之象也倍諸侯之數也諸侯之外佐四等百二十人法四時六甲之數也通佐五與下而六十人法日辰之數也佐之必三三而相復何曰時三月而成大辰三而成象諸侯之爵或五何法天地之數也五官亦然然則立置有司分指數奈何曰諸侯大國四軍古之制也其一軍以奉公家也凡口軍三口者何曰大國十六萬口而立口軍三何以言之曰以井田準數之方里而一井一井而九百畝而立口方里八家一家百畝以食五口上

農夫耕百畝食九口次八人次七人次六人次五人多寡相補率百畝而三口方里而二十四口方里者十得二百四十口方十里爲方里者百得二千四百口方百里爲方里者千得二萬四千口方千里爲方里者萬得二十四萬口法三分而除其一城池郭邑屋室閭巷街路市官府園囿萎圈臺沼椽采得良田方十里者六十六十與方里六十六定率得十六萬口三分之則各五萬三千三百三十口爲大口軍三此公侯也天子地方千里爲方百里者百亦三分除

其一定得田方百里者六十六與方十里者六十六定率得千六百萬口九分之各得百七十七萬七千七百七十七口爲京口軍九三京口軍以奉王家故天子立一后一世夫人中左右夫人四姬三良人立一世子三公九卿二十七大夫八十一元士二百四十三下士有七上卿二十一下卿六十三元士百二十九下士王后置一太傅太母三伯三丞二十夫人四姬三良人各有師傅世子一人太傅三傅三率三少士入仕宿衛天子者比下士下士者如上士之下

數王后御衛者上下御各五人二十夫人中左右夫人四姬上下御各五人三良人各五人世子妃姬及士衛者如公侯之制王后傅上下史五人三伯上下史各五人少伯史各五人世子太傅上下史各五人少傅亦各五人三率三下率亦各五人三公上下史各五人卿上下史各五人大夫上下史五人元士上下史各五人上下卿上下士之史上下亦各五人卿大夫元士臣各三人故公侯方百里三分除其一得定田方十里者六十六與方里六十六定率得十六

萬口三分之爲大國口軍三而立大國一夫人一世婦左右婦三姬二良人立一世子三卿九大夫二十七上士八十一下士亦有五通大夫立上下士上卿位比天子之元士令八百石下卿六百石上士四百石下士三百石夫人一傅母三伯三丞世婦左右婦三姬二良人各有師保世子一上傅丞士宿衛公者比公者比上卿者有三人下卿六人比上下士者如上下之數夫人御衛者上下御各五人世婦左右婦上下御各五人二卿御各五人世子上傅上下史各

五人丞史各五人三卿九大夫上士史各五人下士史各五人通大夫士上下史各五人卿臣二人此公侯之制也公侯賢者爲州方伯錫斧鉞置虎賁百人故伯七十里七七四十九三分除其一定得田方十里者二十八與方十里者六十六定率得十萬九千二百一十二口爲次國口軍三而立次國一夫人世婦左右婦三良人二孺子立一世子三卿九大夫二十七上士八十一下士與五通大夫五上士十五下士其上卿位比大國之下卿今六百石下卿四百石

上士三百石下士二百石夫人一傅母三伯三丞世婦左右婦三良人二御人各有師保世子一下士（一作上下）傅士宿衛公者比上卿者三人下卿六人比上下士如上下士之數夫人御衛者上下士御各五人世婦左右婦上下御各五人二御各五人世子上傅上下史各五人丞史各五人三卿九大夫上下史各五人下士史五人通大夫上下史各五人卿臣二人故子男方五十里五五二十五爲方十里者六十六定率得四萬口爲小國口軍三而立小國夫人世婦左

右婦三良人二孺子立一世子三卿九大夫二十七上士八十一下士與五通大夫五上士十五下士其上卿比次國之下卿令四百石下卿三百石上士二百石下士百石夫人一傅母三伯三丞世婦左右婦三良人二御人各有師保世子一上下傅士宿衛公者比上卿者三人下卿六人御衛者上下御各五人世婦左右婦上下御各五人二御人各五人世子上傅上下史各五人三卿九大夫上下史各五人士各五人通（一作五）大夫上下史亦各五人卿臣三人此周

制也春秋合伯子男爲一等故附庸字者地方三十里三三而九三分而除其一定得田方十里者六十定率得一萬四千四百口爲口師三而立一宗婦二妾一世子宰丕丞一士一秩士五人宰視子男下卿今三百石宗婦有師保御者三人妾各二人世子一傅士宿衛君者比上卿下卿一人上下各如其數世子傅上下史各五人下良五稱名善者地方半字君之地九半四分除其一得田方十里者三定率得七千二百口一世子宰今二百石下四半三半二十五

三分除其一定得田方十里者一與方里者五十定得三千六百口一世子宰今百石史五人宗婦仕衛世子臣

仁義法第二十九

春秋之所治人與我也所以治人與我者仁與義也以仁安人以義正我故仁之爲言人也義之爲言我也言名以别矣仁之於人義之於我者不可不察也衆人不察乃反以仁自裕而以義設人佹其處而逆其理鮮不亂矣（一作必亂）是故人莫欲亂而大抵常亂凡以闇於人我之分而

不省仁義之所在也是故春秋爲仁義法仁之法在愛人不在愛我義之法在正我不在正人我不自正雖能正人弗予爲義人不被其愛雖厚自愛不予爲仁昔者晉靈公殺膳宰以淑飲食彈大夫以娛其意非不厚自愛也然而不得爲淑人者不愛人也質於愛民以下至于鳥獸昆蟲莫不愛不愛奚足謂仁仁者愛人之名也鄰傳無大之之辭自爲追（一作近）則善其所恤遠也兵已加焉乃往救之則弗美未至豫備（一作衛）之則美之善其救害之先也夫救蚤而先之則

害無由起而天下無害矣然則觀物之動而先覺其萌絶亂塞害於將然而未形之時春秋之志也其明至矣非堯舜之智知禮之本孰能當此故救害而先知之門也公之所恤遠而春秋美之詳其美恤遠之意則天地之間然後快其仁矣非三王之德選賢之精孰能如此是以知明先而仁厚遠遠而愈賢近而愈不肖者愛也故王者愛及四夷霸者愛及諸侯安者愛及封内危者愛及旁側亾者愛及獨身獨身者雖立天子諸侯之位一夫之人耳無臣民一作人之用

矣如此者莫之亾而自亾也春秋不言伐梁者而言梁亾蓋愛獨及其身者也故曰仁者愛人不在愛我此其法也義云者非謂正人謂正我雖有亂世枉上莫不欲正人奚謂義昔者楚靈王討陳蔡之賊齊桓公執袁濤塗之罪非不能正人也然而春秋弗予不得爲義者我不正也闔廬能正楚蔡之難矣而春秋奪之義辭以其身不正也潞子之於諸侯無所能正春秋予之有義其身正也趨利而也（一無此四字）故曰義在正我不在正人此其法也夫我無之求諸人我有

之而誹（一作非）諸人人之所不能受也其理逆矣何可謂義義者謂宜在我者宜在我者而後可以稱義故言義者合我與宜以爲一言以此操之義之爲言我也故曰有爲而得義者謂之自得有爲而失義者謂之自失人好義者謂之自好人不好義者謂之不自好以此參之義我也明矣是義與仁殊仁謂往義謂來仁大遠義大近愛在人謂之仁義在我謂之義仁主人義主我也故曰仁者人也義者我也此之謂也君子求仁義之別以紀人我之間然後辨乎内外之

分而著於順逆之處也是故内治反理以正身據祉一作禮以勸福一作贍外治推恩以廣施寬制以容衆孔子謂冉子曰治民者先富之而後加教語樊遲曰治身者先難後獲以此之謂治身之與治民所先後者不同焉矣詩云飲之食之教之誨之先飲食而後教誨謂治人也又曰坎坎伐輻彼君子兮不素飧兮先其事後其食謂之治身也春秋刺上之過而矜下之苦小惡在外弗舉在我書而誹一作非之凡此六者以仁治人義治我躬自厚而薄責於外此之謂也且論

已見之而人不察曰君子攻其惡不攻人之惡不攻人之惡非仁之寬歟自攻其惡非義之全歟此謂之仁造人義造我何以異乎故自稱其惡謂之情稱人之惡謂之賊求諸己謂之厚求諸人謂之薄自責以備謂之明責人以備謂之惑是故以自治之節治人是居上不寬也以治人之度自治是爲禮不敬也爲禮不敬則傷行而民弗尊居上不寬則傷厚而民弗親弗親則弗信弗尊則弗敬二端之正詭於上而僻行之則誹於下仁義之處可無論乎夫目不視弗見

心弗論不得雖有天下之至味弗嚼弗知其旨也雖有聖人之至道弗論不知其義也

必仁且知第三十

莫近於仁莫急於智不仁而有勇力財（一作材）能則狂而操利兵也不智而辨慧獧給則迷而乘良馬也故不仁不智而有材能將以其材能以輔其邪狂之心而贊其僻違之行適足以大其非而甚其惡耳其強足以覆過其禦足以犯詐其慧足以惑愚其辨足以飾非其堅足以斷辟其嚴足以拒諫此非無材能也其施之不當而

處之不義也有否心者不可藉便埶其質愚者不與利器論之所謂不知人也者恐不知別此等也仁而不知則愛人而知利也知而不仁則知而不爲也故仁者所以愛人類也智者所以除其害也

何謂仁仁者憯怛愛人謹翕不爭好惡敗倫無傷惡之心無隱忌之志無嫉妬之氣無感愁之欲無險詖之事無辟違之行故其心舒（一作倫）其志平其氣和其欲節其事易其行道故能平易和理而無爭也如此者謂之仁

何謂之知先言而後當凡人欲舍行爲皆以其知先規而後爲之其規是者所爲得其所事當其行遂其名榮其身故利而無患福及子孫德加萬民湯武是也其規非者其所爲不得其事其事不當其行不遂其名辱害及其身絶世無復殘類滅宗亾國是也故曰莫急於知知者見禍福遠其知利害蚤物動而知其化事興而知其歸見始而知其終言之而無敢譁立之而不可廢取之而不可舍前後不相悖終始有類思之而有復及之而不可厭其言寡而足約而喻

簡而達省而具少而不可益多而不可損其動中倫（一作禮）其言當務如是者謂之知其大略之類天地之物有不常之變者謂之異小者謂之災災常先至而異乃隨之災者天之譴也異者天之威也譴之而不知乃畏之以威詩云畏天之威殆此謂也凡災異之本盡生於國家之失國家之失乃始萌芽而天出災害以譴告之譴告之而不知變乃見怪異以驚駭之驚駭之尚不知畏恐其殃咎乃至以此見天意之仁而不欲陷人也謹案災異以見天意天意有欲也

有不欲也所欲所不欲者人内以自省宜有懲於心外以觀其事宜有驗於國故見天意者之於災異也畏之而不惡也以爲天欲振吾過救吾失故以此救我也春秋之法上變古易常應是而有天災者謂幸國孔子曰天之所幸有爲不善而屢極且莊王曰天不見災地不見孽則禱之於山川曰天其將亡予耶不說吾過極吾罪也以此觀之天災之應過而至也異之顯明可畏也此乃天之所欲救也春秋之所獨幸也莊王所以禱而請也聖主賢君尚樂受忠臣之

諫而況受天譴也

春秋繁露卷弟八

春秋繁露卷第九

身之養重於義第三十一

天之生人也使之生義與利利以養其體義以養其心心不得義不能樂體不得利不能安義者心之養也利者體之養也體莫貴於心故養莫重於義義之養生人大於利奚以知之今人大有義而甚無利雖貧與賤尚榮其行以自好而樂生原憲曾閔之屬是也人甚有利而大無義雖甚富則羞辱大惡惡深禍患重非立死其罪者即旋傷殃憂爾莫能以樂生而終其身刑

戮折夭之民是也夫人（一作民）有義者雖貧能自樂也而大無義者雖富莫能自存吾以此實義之養生人大於利而厚於財也民不能知而常反之皆忘義而殉利去理而走邪以賊其身而禍其家此非其自爲計不忠也則其知之所不能明也今握棗與錯金以示嬰兒必取棗而不取金也握一斤金與千萬之珠以示野人野人必取金而不取珠也故物之於人小者易知也其於大者難見也今利之於人小而義之於人大者無惟民之皆趨利而不趨義也固其所闇

也聖人事明義以炤燿其所闇故民不陷詩云示我顯德行此之謂也先王顯德以示民民樂而歌之以爲詩說而化之以爲俗故不令而自行不禁而自止從上之意不待使之若自然矣故曰聖人天地動四時化者非有他也其見義大故能動動故能化化故能大行化大行故法不犯法不犯故刑不用刑不用則堯舜之功德此大治之道也先聖傳授而復也故孔子曰誰能出不由户何莫由斯道也今不示顯德行民闇於義不能炤迷於道不能解因欲大嚴憯以

必正之亶殘賊天民而薄主德耳其勢不行仲尼曰國有道雖加刑無刑也國無道雖殺之不可勝也其所謂有道無道者示之以顯德行與不示爾

對膠西王據本傳合作江都王越大夫不得爲仁弟三十二

命令相曰大夫蠡大夫種大夫庸大夫睪大夫車成越王與此五大夫謀伐吳遂滅之雪會稽之耻卒爲霸主范蠡去之種死之寡人以此二大夫者爲皆賢孔子曰殷有三仁今以越王之

賢與蠡種之能此三人者寡人亦以爲越有三仁其於君何如桓公決疑於管仲寡人決疑於君仲舒伏地再拜對曰仲舒知褊而學淺不足以決之雖然主有問於臣臣不敢不悉以對禮也臣仲舒聞昔者魯君問於栁下惠曰我欲攻齊何如栁下惠對曰不可退而有憂色曰吾聞之也謀伐國者不問於仁人也此何爲至於我但見問而尚羞之而況乃與爲詐以伐吳乎其不宜明矣以此觀之越本無一仁而安得三仁仁人者正其道不謀其利修其理不急其功致

無爲而習俗大化可謂仁聖矣三王是也春秋之義貴信而賤詐詐人而勝之雖有功君子弗爲也是以仲尼之門五尺童子言羞稱五伯爲其詐以成功苟爲而已也故不足稱於大君子之門五伯者比於他諸侯爲賢者比於仁賢何賢之有譬猶珷玞比於美玉也臣仲舒伏地再拜以聞

觀德第三十三

天地者萬物之泰先祖之所出也廣大無極其德炤明歷年眾多永永無疆天出至明一作炤眾

之類也其伏無不炤也地出至晦星日爲明不敢闇君臣父子夫婦之道取之此大禮之終也臣子三秊不敢當雖當之必稱先君必稱先人不敢貪至尊也百禮之貴皆編於月月編於時時編於君君編於天天之所棄天子弗祐桀紂是也天子之所誅絶臣子弗得立蔡世子逢丑父是也王父父所絶子孫不得屬魯莊公之不得念母衛輒之辭父命是也故受命而海内順之猶衆星之共北辰流水之宗滄海也況生天地之間法大祖先人之容貌則其至德取象

衆名尊貴是以聖人爲貴也泰貴至德之侔天地也上帝爲之廢適易姓而子之讓其至德海内懷歸之大伯三讓而不敢就位伯邑考之羣心貳自引而激順神明也至德以受命豪英高明之人輻湊歸之高者列爲公侯下至卿大夫濟濟乎哉皆以德序是故吴魯同姓也鍾離之會不得序而稱君殊魯而會之爲其夷狄之行也雞父之戰吴不得與中國爲禮至於伯莒黄池之行變而反道乃爵而不殊召陵之會魯君在是而不得爲主避齊桓也魯桓即位十三年

齊宋衛燕舉師而東紀鄭與魯勠力而報之後其已以魯不得偏避紀侯與鄭厲公也春秋常辭夷狄不得與中國爲禮至邲之戰夷狄反背中國不得與夷狄爲禮避楚莊也邢衛魯之同姓也狄人滅之春秋不爲諱避齊桓也當其如此也唯德是親其皆先其親是故周之子孫其親等也而文王最先四時等也而春最先十二月等也而正月最先德等也則先親親魯十二公等而定哀最尊衛俱諸夏也善稻之會獨先内之爲其與我同姓也吳俱夷狄也柤之會獨

先内之爲其與我同姓也滅國十五有餘獨先諸夏曹晉俱諸夏也譏二名獨先及之盛伯郜子俱當絶而獨不名爲其與我同姓兄弟也外出者衆以母弟出獨大惡之爲其忘母背骨肉也滅人者莫絶衛侯燬滅同姓獨絶賤其本祖而忘先也親等從近者始立適以長母以子貴先（或有母字）甲戌己丑陳侯鮑卒書所見也而不言其闇者隕石于宋五六鶂退飛耳聞而記目見而書或徐或察皆以其先接於我者序之其於會朝聘之禮亦猶是諸侯與盟者衆矣而儀父

獨漸進鄭僖公方來會我而道殺春秋致其意謂之如會潞子離狄而歸黨以得上春秋謂之子以領其意苞來首戴黃池踐土與操之會陳鄭去我謂之逃歸鄭處而不來謂之乞盟陳侯後至謂之如會莒人疑我貶而稱人諸侯朝魯者衆矣而滕薛獨稱侯州公化我奪爵而無號吳楚國先聘我者見賢曲棘與鞌之戰先憂我者見尊

奉本第三十四

禮者繼天地體陰陽而慎至容序尊卑貴賤大

小之位而差外內遠近新故之級者也以德多爲象萬物以廣博衆多歷年久者爲象其在天而象天者莫大日月繼天地之光明莫不照也星莫大於太辰北斗常星北斗常星部星三百衛星三千大火二十六星伐十三星北斗七星常星久辭二十八宿多者宿二十八九其猶蓍百莖而共一本龜千歲而人寶是以三代傳決疑焉其得地體者莫如山阜人之得天得衆者莫如受命之天子下至公侯伯子男海內之心懸於天子疆內之民統於諸侯日月食並吉凶

不以其行有星茀于東方秦宸北斗入常星不見地震梁山沙鹿崩宋衛陳鄭災王公大人簒弑春秋皆書以為大異不言衆星之茀入霣雨原隰之襲崩一國之小民死亡不決疑於衆草木也唯田邑之稱多者主名君將不言臣臣不言師王夷君獲不言師敗孔子曰唯天唯大唯堯則之則之者大也巍巍乎其有成功也言其尊大以成功也齊桓晉文不尊周室不能霸三代聖人不則天地不能至王自一作階此而觀之可以知天地之貴矣夫流深者其水不測尊至

者其敬無窮是故天之所加雖爲災害猶承而大之其欽無窮震夷伯之廟是也天無錯紏之災地有震動之異天子所誅絶所敗師雖不中道而春秋者不敢闕謹之也故師出者衆矣莫言還至師及齊師圍郕郕降于齊師獨言還其君劫外不得已故可直言也至於他師皆其君之適也而曰非師之罪是臣下之不爲君父受罪罪不臣子莫大焉夫至明者其照無疆至晦者其闇無疆今春秋緣魯以言王義殺隱桓以爲遠祖宗定哀以爲考妣至尊且高至顯且明

其基壤之所加潤澤之所被條條無疆前是常數十季隣之幽人近其墓而高明大國齊宋離不（一無不字）言會微國之君卒葬之禮錄而辭繁遠夷之君內而不外當此之時魯無鄙疆請諸侯之伐哀者皆言我邾婁庶其鼻我邾婁大夫其於我無以親以近之故乃得顯明隱相親春秋之先人也葢師卒而不日於稷之會不日言其亂以通外也黃池之會以兩伯之辭言不以爲外以近內也

春秋繁露卷第九

春秋襄公二十一年邾庶其以漆閭丘來奔左氏曰庶其非卿也公羊曰邾庶其者何邾婁大夫也二十三年邾畀我來奔杜注畀我是庶其之黨同有竊邑叛君之罪公羊作鼻我邾婁大夫也穀梁作畀我

春秋繁露卷第十

深察名號第三十五

治天下之端在審辨大辨大之端在深察名號名者大理之首章也録其首章之意以窺其中之事則是非可知逆順自著其幾通於天地矣是非之正取之逆順逆順之正取之名號名號之正取之天地天地爲名號之大義也古之聖人謞(火角切)而效天地謂之號鳴而命施謂之名名之爲言鳴與命也號之爲言謞而效也謞而效天地者爲號鳴而命者爲名名號異聲而同

本皆鳴號而達天意者也天不言使人發其意
弗爲使人行其中名則聖人所發天意不可不
深觀也受命之君天意之所予也故號爲天子
者宜視天如父事天以孝道也號爲諸侯者宜
謹視所候奉之天子也號爲大夫者宜厚其忠
信敦其禮義使善大於匹夫之義足以化也士
者事也民者瞑也士不及化可使守事從上而
已五號自讚各有分分中委曲曲有名名衆於
號號其大全瞑也者名其別離分散也號凡而
略名詳而目目者徧辨其事也凡者獨舉其大

事也享鬼神者號一曰祭祭之散名春曰祠夏曰礿秋曰嘗冬曰烝獵禽獸者號一曰田田之散名春苗秋蒐冬狩夏獮無有不皆中天意者物莫不有凡號號莫不有散名如是是故事各順於名名各順於天天人之際合而爲一同而通理動而相益順而相受謂之德道詩曰維號斯言有倫有迹此之謂也

深察王號之大意其中有五科皇科方科匡科黃科往科合此五科以一言謂之王王者皇也王者方也王者匡也王者黃也王者往也是故

王意不普大皇則道不能正直而方道不能正
直而方則德不能匡運周徧德不匡運周徧則
美不能黃美不能黃則四方不能往四方不能
往則不全於王故曰天覆無外地載兼愛風行
令而壹其威雨布施而均其德王術之謂也
深察君號之大意其中亦有五科元科原科權
科溫科羣科合此五科以一言謂之君君者元
也君者原也君者權也君者溫也君者羣也是
故君意不比於元則動而失本動而失本則所
爲不立所爲不立則不效於原不效於原則自

委舍自委舍則化不行用權於變則失中適之宜失中適之宜則道不平德不溫道不平德不溫則衆不親安衆不親安則離散不羣離散不羣則不全於君名生於眞非其眞弗以爲名名者聖人之所以眞物也名之爲言眞也故凡百譏有黮黮者各反其眞則黮黮者還昭昭耳欲審曲直莫如引繩欲審是非莫如引名名之審於是非也猶繩之審曲直也詰其名實觀其離合則是非之情不可以相讕（力但切誣言相加）已今世闇於性言之者不同胡不試反性之名性之名

非生與如其生之自然之資謂之性性者質也詰性之質於善之名能中之與既不能中矣而尚謂之質善何哉性之名不得離質離質如毛則非性已不可不察也春秋辨物之理以正其名名物如其真不失秋毫之末故名霣石則後其五言退鷁則先其六聖人之謹於正名如此君子於其言無所苟而已五石六鷁之辭是也栣（如甚切搦也）衆惡於內弗使得發於外者心也故心之爲名栣也人之受氣苟無惡者心何栣哉吾以心之名得人之誠人之誠有貪有仁仁貪

之氣兩在於身身之名取諸天天兩有陰陽之施身亦兩有貪仁之性天有陰陽禁身有情欲栣與天道一也是故陰之行不得干春夏而月之常厭於日光乍全乍傷天之禁陰如此安得不損其欲而輟其情以應天天所禁而身禁之故曰身猶天也禁天所禁非禁天也必之天性不乘於教終不能栣察實以爲名無教之時性禁天所禁非天也一本無上七字何據若是故性比於禾善比於米米出禾中而禾未可全爲米也善出性中而性未可全爲善也善與米人之所繼

天而成於外非在天所爲之內也天之所爲有所至而止止之內謂之天性止之外謂之人事事在性外而性不得不成德民之號取之瞑也使性而已善則何故以瞑爲號以霣者言弗扶將則顛陷猖狂安能善性有似目目臥幽而瞑待覺而後見當其未覺可謂有見質而不可謂見今萬民之性有其質而未能覺譬如瞑者待覺教之然後善當其未覺可謂有質而不可謂善與目之瞑而覺一概之比也靜心徐察之其言可見也性如瞑之未覺天所爲也效天所爲

爲之起號故謂之民民之爲言固猶瞑也隨其名號以入其理則得之矣是正名號者於天地天地之所生謂之性情性情相與爲一瞑情亦性也謂性已善柰其情何故聖人莫謂性善累其名也身之有性情也若天之有陰陽也言人之質而無其情猶言天之陽而無其陰也窮論者無時受也名性不以上不以下以其中民之性如繭如卵卵待覆而爲雛繭待繅而爲絲性待教而爲善此之謂眞天天生民性有善質而未能善於是爲之立王以善之此天意也民受

未能善之性於天而退受成性之教於王王承天意以成民之性爲任者也今案其真質而謂民性已善者是失天意而去王任也萬民之性苟信已善則王者受命尚何任矣其設名不正故弃重任而違大命非法言也春秋之辭内事之待外者從外言之今萬民之性待外教然後能善善當與教不當與性與性則多累而不精自成功而無賢聖此世長者之所誤出也非春秋爲辭之術也不法之言無驗之説君子之所外何以爲哉或曰性有善端心有善質尚安非

善應之曰非也繭有絲而繭非絲也卵有雛而卵非雛也比類率然有何疑焉天生民有六經言性者不當異然其或曰性也善或曰性未善則所謂善者各異意也性有善端動之愛父母善於禽獸則謂之善此孟子之言循三綱五紀通八端之理忠信而博愛敦厚而好禮乃可謂善此聖人之善也是故孔子曰善人吾不得而見之得見有常者斯可矣由是觀之聖人之所謂善未易當也非善於禽獸則謂之善也使動其端善於禽獸則可謂之善善奚爲弗見也夫

善於禽獸之未得爲善也猶知於草木而不得名知萬民之性善於禽獸而不得名善知之名乃取之聖聖人之所命天下以爲正正朝夕者視北辰正嫌疑者視聖人聖人以爲無王之世不教之名民莫能當善善之難當如此而謂萬民之性皆能當之過矣質於禽獸之性則萬民之性善矣質於人道之善則民性弗及也萬民之性善於禽獸者許之聖人之所善者勿許吾質之命性者異孟子孟子下質於禽獸之所爲故曰性已善吾上質於聖人之所善故謂性未

善善過性聖人過過善春秋大元故謹於正名名非所始如之何謂未善已善也

實性第三十六

孔子曰名不正則言不順今謂性已善不幾於無教而如其自然又不順於爲政之道矣且名者性之實實者性之質也無教之時何遽能善善如米性如禾禾雖出米而禾未可謂米也性雖出善而性未可謂善也米與善人之繼天而成於外也非在天所爲之内也天所爲有所至而止止之内謂之天止之外謂之王教王教在

性外而性不得不遂故曰性有善資而未能爲善也豈敢美辭其實然也天之所爲止於繭麻與禾以麻爲布以繭爲絲以米爲飯以性爲善此皆聖人所繼天而進也非情性質樸之能至也故不可謂性正朝夕者視北辰正嫌疑者視聖人聖人之所名天下以爲正今桉聖人言中本無性善名而有善人吾不得見之矣使萬民之性皆已能善善人者何爲不見也觀孔子言此之意以爲善難當甚而孟子以爲萬民性皆能當之過矣聖人之性不可以名性斗筲之性

又不可以名性名性者中民之性中民之性如繭如卵卵待覆二十日而後能爲雛繭待繰以綰湯而後能爲絲性待漸於教訓而後能爲善善教訓之所然也非質樸之所能至也故不謂性性者宜知名矣無所待而起生而所自有也善所自有則教訓已非性也是以米出於粟而粟不可謂米玉出於璞而璞不可謂玉善出於性而性不可謂善其比多在物者爲然在性者以爲不然何不通於類也卵之性未能作雛也繭之性未能作絲也麻之性未能爲縷也粟之

性未能爲米也春秋別物之理以正其名名物必各因其真真其義也真其情也乃以爲名名霣石則後其五退飛則先其六此皆其真也聖人於言無所苟而已矣性者天質之樸也善者王教之化也無其質則王教不能化無其王教則質樸不能善質而不以善性其名不正故不受也

諸侯第三十七

生育養長成而更生終而復始其事所以利活民者無已天雖不言其欲贍足之意可見也古

之聖人見天意之厚於人也故南面而君天下必以兼利之爲其遠者目不能見其隱者耳不能聞於是千里之外割地分民而建國立君使爲天子視所不見聽所不聞朝者召而問之也諸侯之爲言猶諸侯也

五行對第三十八

河閒獻王問温城董君曰孝經曰夫孝天之經地之義何謂也對曰天有五行木火土金水是也木生火火生土土生金金生水水爲冬金爲秋土爲季夏火爲夏木爲春春主生夏主長季

夏主養秋主收冬主藏藏冬之所成也是故父之所生其子長之父之所長其子養之父之所養其子成之諸父所爲其子皆奉承而續行之不敢不致如父之意盡爲人之道也故五行者五行也由此觀之父授子受之乃天之道也故曰夫孝者天之經也此之謂也王曰善哉天經既得聞之矣願聞地之義對曰地出雲爲雨起氣爲風風雨者地之所爲地不敢有其功名必上之於天命若從天氣者故曰天風天雨也莫曰地風地雨也勤勞在地名壹歸于天非至有

義其孰能行此故下事上如地事天也可謂大忠矣土者火之子也五行莫貴於土土之於四時無所命者不與火分功名木名春火名夏金名秋水名冬忠臣之義孝子之行取之土土者五行最貴者也其義不可以加矣五聲莫貴於宮五味莫美於甘五色莫貴於黃此謂孝者地之義也王曰善哉衣服容貌者所以說目也聲言應對者所以說耳也好惡去就者所以說心也故君子衣服中而容貌恭則目說矣言理應對遜則耳說矣好仁厚而惡淺薄就善人而遠

僻鄙則心說矣故曰行意可樂容止可觀此之謂也

闕文第三十九

闕文第四十

春秋繁露卷第十

五福五代堂古稀天子寶

八徵耄念之寶

太上皇帝之寶

五福五代堂古稀天子寶

八徵耄念之寶

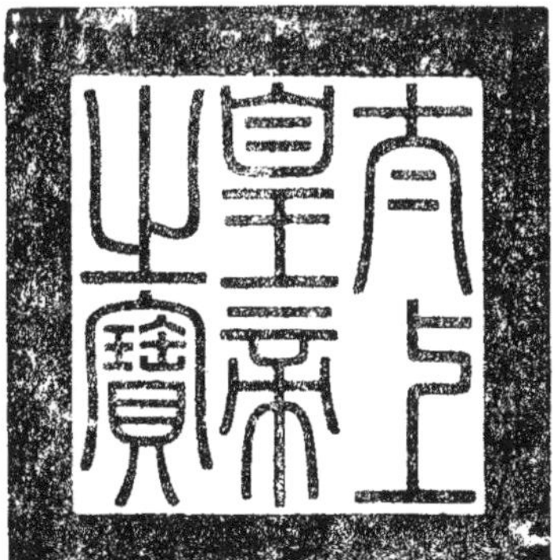
太上皇帝之寶

春秋繁露卷第十一

爲人者天第四十一

爲生不能爲人爲人者天也人之人本於天天亦人之曾祖父也此人之所以乃上類天也人之形體化天數而成人之血氣化天志而仁人之德行化天理而義人之好惡化天之暖清人之喜怒化天之寒暑人之受命化天之四時人生有喜怒哀樂之荅春秋冬夏之類也喜春之荅也怒秋之荅也樂夏之荅也哀冬之荅也天之副在乎人人之情性有由天者矣故曰受由

天之號也爲人主也道莫明省身之天如天出之也使其出也荅天之出四時而必忠其受也則堯舜之治無以加是可生可殺而不可使爲亂故曰非道不行非法不言此之謂也

傅曰唯天子受命於天天下受命於天子一國則受命於君君命順則民有順命逆則民有逆命故曰一人有慶萬民賴之此之謂也傳曰政有三端父子不親則致其慈愛大臣不和則敬順其禮百姓不安則力其孝弟孝弟者所以安百姓也力者勉行之身以化之天地之數不能

獨以寒暑成歲必有春夏秋冬聖人之道不能獨以威勢成政必有教化故曰先之以博愛教以仁也雖得者君子不貴教以義也雖天子必有尊也教以孝也必有先也教以弟也此威勢之不足獨恃而教化之功不大乎

傳曰天生之地載之聖人教之君者民之心也民者君之體也心之所好體必安之君之所好民必從之故君民者貴孝弟而好禮義重仁廉而輕財利躬親職此於上而萬民聽生善於下矣故曰先王見教之可以化民也此之謂也

五行之義第四十二

天有五行一曰木二曰火三曰土四曰金五曰水木五行之始也水五行之終也土五行之中也此其天次之序也木生火火生土土生金金生水水生木此其父子也木居左金居右火居前水居後土居中央此其父子之序相受而布是故木受水而火受木土受火而金受土水受金也諸授之者皆其父也受之者皆其子也常因其父以使其子天之道也是故木已生而火養之金已死而水藏之火樂木而養以陽水克

金而喪以陰土之事天竭其忠故五行者乃孝
子忠臣之行也五行之爲言猶五行歟是故以
得辭也聖人知之故多其愛而少嚴厚養生而
謹送終就天之制也以子而迎成養如火之樂
木也喪父如水之克金也事君若土之敬天也
可謂有行人矣五行之隨各如其序五行之官
各致其能是故木居東方而主春氣火居南方
而主夏氣金居西方而主秋氣水居北方而主
冬氣是故木主生而金主殺火主暑而水主寒
使人必以其序官人必以其能天之數也土居

中央爲之天潤土者天之股肱也其德茂美不可名以一時之事故五行而四時者土兼之也金木水火雖各職不因土方不立若酸鹹辛苦之不因甘肥不能成味也甘者五味之本也土者五行之主也五行之主土氣也猶五味之有甘肥也不得不成是故聖人之行莫貴於忠土德之謂也人官之大者不名所職相其是矣天官之大者不名所生土是矣

陽尊陰卑第四十三

天之大數畢於十旬旬天地之間十而畢舉旬

生長之功十而畢成十者天數之所止也古之聖人因天數之所止以爲數紀十如更始民世世傳之而不知省其所起知省其所起則見天數之所始見天數之所始則知貴賤逆順所在知貴賤逆順所在則知天地之情著聖人之寶出矣是故陽氣以正月始出于地生育養長于上至其功必成也而積十月人亦十月而生合於天數也是故十月而成人亦十月而生合於天道也故陽氣出於東北入於西北發於孟春畢於孟冬而物莫不應是陽始出物亦始出陽

方盛物亦方盛陽初衰物亦初衰物隨陽而出入數陽而終始三王之正隨陽而更起以此見之貴陽而賤陰也故數日者據晝而不據夜數歲者據陽而不據陰不得達之義是故春秋之於昏禮也達末宋公而不達宋公不宜稱而達達陽而不達陰以天道制之也丈夫雖賤皆爲陽婦人雖貴皆爲陰陰之中亦相爲陰陽之中亦相爲陽諸在上者皆爲其下陽諸在下者各爲其上陰陰猶沉也何名何有皆并壹於陽昌力而辭功故出雲起雨必令從之下命之曰天

雨不敢有其所出上善而下惡惡者受之善者不受夫喜怒哀樂之發與清暖寒暑其實一類也喜氣爲煖而當春怒氣爲清而當秋樂氣爲太陽而當夏哀氣爲太陰而當冬四氣者天與人所同有也非人所能畜也故可節而不可止也節之而順止之而亂人生於天而取化於天喜氣取諸春樂氣取諸夏怒氣取諸秋哀氣取諸冬四氣之心也四肢之答各有處如四時寒暑不可移若肢體肢體移易其處謂之天人寒暑移易其處謂之敗歲喜怒移易其處謂之亂

世明王正喜以當春正怒以當秋正樂以當夏正哀以當冬上下法此以取天之道春氣愛秋氣嚴夏氣樂冬氣哀愛氣以生物嚴氣以成功樂氣以養生哀氣以喪終天之志也是故春氣煖者天之所以愛而生之秋氣清者天之所以嚴而成之夏氣溫者天之所以樂而養之冬氣寒者天之所以哀而藏之春主生夏主養冬主藏秋主收生溉其樂以養死溉其哀以藏爲人子者也故四時之比父子之道天地之志君臣之義也陰陽理人之法也陰刑氣也陽德氣也

陰始於秋陽始於春春之爲言猶偆偆也秋之爲言猶湫湫也偆偆者喜樂之貌也湫湫者憂悲之狀也是故春喜夏樂秋憂冬悲悲死而樂生以夏養春以冬喪秋大人之志也是故先愛而後嚴樂生而哀終天之當也而人資諸天大德而小刑也是故人主近天之所近遠天之所遠大天之所大小天之所小是故天數右陽而不右陰務德而不務刑刑之不可任以成世也猶陰不可任以成歲也爲政而任刑謂之逆天非王道也

王道通三第四十四

古之造文者三畫而連其中謂之王三畫者天地與人也而連其中者通其道也取天地與人之中以爲貫而參通之非王者孰能當是故王者唯天之施施其時而成之法其命而循之諸人法其數而以起事治其道而以出法治其志而歸之於仁仁之美者在於天天仁也天覆育萬物既化而生之有養而成之事功無以終而復始凡舉歸之以奉人察於天之意無窮極之仁也人之受命於天也取仁於天而仁也是故

人之受命天之尊父兄子弟之親有忠信慈惠之心有禮義廉讓之行有是非逆順之治文理粲然而厚知廣大有而博唯人道爲可以參天天常以愛利爲意以養長爲事春秋冬夏皆其用也王者亦常以愛利天下爲意以安樂世爲事好惡喜怒而備用也然而主好惡喜怒乃天下之春秋冬夏也其俱煖清寒暑而以變化成功也天出此物者時則歲美不時則歲惡人主出此四者義則世治不義則世亂是故治世與義歲同數亂世與惡歲同數以此見人理之副

天道也天有寒有暑土若地義之至也是故春秋君不名惡臣不名善善皆歸於君惡皆歸於臣臣之義比於地故爲人臣下者視地之事天也爲人子者視土之事火也雖居中央亦歲七十二日之王傅於火以調和養長然而弗名者皆并功於父父得以盛不敢與父分功美孝之至也是故孝子之行忠臣之義皆法于地也地事天也猶下之事上也地天之合也物無合會之義是故推天地之精運陰陽之類以別順逆之理安所加以不在在上下在小大在强弱在

賢不肖在善惡惡之屬盡爲陰善之屬盡爲陽陽爲德陰爲刑刑反德而順於德亦權之類也雖曰權皆在權成是故陽行於順陰行於逆逆行而順順行而逆者陰也是故天以陰爲權以陽爲經陽出而南陰出而北經用於盛權用於末以此見天之顯經隱權前德而後刑也故曰陽天之德陰天之刑也陽氣煖而陰氣寒陽氣予而陰氣奪陽氣仁而陰氣戾陽氣寬而陰氣急陽氣愛而陰氣惡陽氣生而陰氣殺是故陽常居實位而行於盛陰常居空虛而行於末天

之好仁而近惡戾之變而遠大德而小刑之意也先經而後權貴陽而賤陰也故陰夏入居下不得任歲事冬出居上置之空處也養長之時伏於下遠去之弗使得爲陽也無事之時起之空處使之備次陳守閉塞也此皆天之近陽而遠陰天固有此然而無所之如其身而已矣人主立於生殺之位與天共持變化之勢物莫不應天化天地之化如四時所好之風出則爲煖氣而有生於俗所惡之風出則爲清氣而有殺於俗喜則爲暑氣而有養長也怒則爲寒氣而

有閉塞也人主以好惡喜怒變習俗而天以煖清寒暑化草木喜樂時而當則歲美不時而妄則歲惡天地人主一也然則人主之好惡喜怒乃天之煖清寒暑也不可不審其處而出也當暑而寒當寒而暑必爲惡歲矣人主當喜而怒當怒而喜必爲亂世矣是故人主之大守在於謹藏而禁內使好惡喜怒必當義乃出若煖清寒暑之必當其時乃發也人主掌此而無失使乃好惡喜怒未嘗差也如春秋冬夏之未嘗過也可謂參天矣深藏此四者而勿使妄發可謂

天矣

天容第四十五

天之道有序而時有度而節變而有常及而有相奉微而至遠踔而致精一而稍積蓄廣而實虛而盈聖人視天而行是故其禁而審好惡喜怒之處也欲合諸天之非其時不出煖清寒暑也其告之以政令而化風之清微也欲合諸天之顛倒其一而以成歲也其羞淺末華虛而貴敦厚忠信也欲合諸天之默然不言而功德積成也其不阿黨偏私而美汎愛兼利也欲合諸

天之所以成物者少霜而多露也其內自省以是而外顯不可以不時人主有喜怒不可以不時可亦爲時時亦爲義喜怒以類合其理一也故義不義者時之合類也而喜怒乃寒暑之別氣也

天辨在人第四十六

難者曰陰陽之會一歲再遇遇於南方者以中夏遇於北方者以中冬冬喪物之氣也則其會於是何如金木水火各奉其所主以從陰陽相與壹力而并功其實非獨陰陽也然而陰陽因之

以起助其所主故少陽因木而起助春之生也大陽因火而起助夏之養也少陰因金而起助秋之成也大陰因水而起助冬之藏也陰雖與水并氣而合冬其實不同故水獨有喪而陰不與焉是以陰陽會於中冬者非其喪也春愛志也夏樂志也秋嚴志也冬哀志也故愛而有嚴樂而有哀四時之則也喜怒之禍哀樂之義不獨在人亦在於天而春夏之陽秋冬之陰不獨在天亦在於人人無春氣何以博愛而容衆人無秋氣何以立嚴而成功人無夏氣何以盛養

而樂生人無冬氣何以哀死而恤喪天無喜氣
亦何以煖而春生育天無怒氣亦何以清而秋
殺就天無樂氣亦何以竦陽而夏養長天無哀
氣亦何以激陰而冬閉藏故曰天乃有喜怒哀
樂之行人亦有春秋冬夏之氣者合類之謂也
匹夫雖賤而可以見德刑之用矣是故陰陽之
行終各六月遠近同度而所在異處陰之行春
居東方秋居西方夏居空右冬居空左夏居空
下冬居空上此陰之常處也陽之行春居上冬
居下此陽之常處也陰終歲四移而陽常居實

非親陽而踈陰任德而遠刑與天之志常置陰空處稍取之以爲助故刑者德之奉陰者陽之助也陽者歲之主也天下之昆蟲隨陰而出入天下之草木隨陽而生落天下之三王隨陽而改正天下之尊卑隨陽而序位幼者居陽之所少老者居陽之所老貴者居陽之所盛賤者當陽之所衰藏者言其不得當陽而當陽者臣子也陽者君父是也故人主南面以陽爲位也陽貴而陰賤天之刑也禮之尚右非尚陰也敬老陽而尊成功也

陰陽位第四十七

陽氣始出東北而南行就其位也西轉而北入藏其休也陰氣始東南而北行亦就其位也西轉而南入屏其伏也是故陽以南方爲位以北方爲休陰以北方爲位以南方爲休陽至其位而大暑熱陰至其位而大寒凍陽至其休而入化於地陰至其伏而避德於下是故夏出長於上冬入化於下者陽也夏入守虚地於下冬出守虚位於上者陰也陽出實入實陰出空入空天之任陽不任陰好德不好刑如是也故陰陽

終歲各壹出

春秋繁露卷第十一

春秋繁露卷第十二

陰陽終始第四十八

天之道終而復始故北方者天之所終始也陰陽之所合別也冬至之後陰俛而西入陽仰而東出出入之處常相反也多少調和之適常相順也有多而無溢有少而無絶春夏陽多而陰少秋冬陽少而陰多多少無常未嘗不分而相散也以出入相損益以多少相溉濟也多勝少者倍入入者損一而出也　二　一動而再倍常乘反衡再登之勢　相報

故其氣相俠而以變化相[illegible]陰陽
之氣俱相併也中春以生[illegible]此見之
天之所起其氣積天之所廢[illegible]故至春少
陽東出就木與之俱生至夏太陽南出就火與
之俱煖此非各就其類而與之相起與少陽就
木太陽就火火木相稱各就其正此非正其倫
與至于秋時少陰興而不得以秋從金從金而
傷火功雖不得以從金亦以秋出于東方俛其
處而適其事以成歲功此非權與陰之行固常
居虛而不得居實至于冬而止空虛太陽乃得

北就其類而與水起寒是故天之道有倫有經有權

陰陽義第四十九

天道之常一陰一陽陽者天之德也陰者天之刑也迹陰陽終歲之行以觀天之所親而任天之功猶謂之空空者之實也故清溧之於歲也若酸鹹之於味也僅有而已矣聖人之治亦從而然天之少陰用於功大陰用於空人之少陰用於嚴而大陰用於喪喪亦空空亦喪也是故天之道以三時成生以一時喪死死之者謂

百物枯落也喪之者謂陰氣悲哀也天亦有喜怒之氣哀樂之心與人相副以類合之天人一也春喜氣也故生秋怒氣也故殺夏樂氣也故養冬哀氣也故藏四者天人同有之有其理而一用之與天同者大治與天異者大亂故爲人生之道莫明於在身之與天同者而用之使喜怒必當義乃出如寒暑之必當其時乃發也使德之厚於刑也如陽之多於陰也是故天之行陰氣也少取以成秋其餘以歸之冬聖人之行陰氣也少取以立嚴其餘歸之喪喪亦人之冬

氣故人之大陰不用於刑而用於喪天之大陰不用於物而用於空空亦爲喪喪亦爲空其實一也皆喪死亡之心也

陰陽出入上下第五十

天道大數相反之物也不得俱出陰陽是也春出陽而入陰秋出陰而入陽夏右陽而左陰冬右陰而左陽陰出則陽入陽入則陰出陰右則陽左陰左則陽右是故春俱南秋俱北而不同道夏交於前冬交於後而不同理並行而不相亂澆滑而各持分此之謂天之意而何以從事

天之道初薄大冬陰陽各從一方來而移於後陰由東方來西陽由西方來東至于中冬之月相遇北方合而爲一謂之曰至別而相去陰適右陽適左適左者其道順適右者其道逆逆氣左上順氣右下故下煖而上寒以此見天之冬右陰而左陽也上所右而下所左也冬月盡而陰陽俱南還陽南還出於寅陰南還入於戌此陰陽所始出地入地之見處也至于中春之月陽在正東陰在正西謂之春分春分者陰陽相半也故晝夜均而寒暑平陰日損而隨陽陽日

益而鴻故爲煖熱初得大夏之月相遇南方合而爲一謂之曰至別而相去陽適右陰適左適左由下適右由上上暑而下寒以此見天之夏右陽而左陰也上其所右下其所左夏月盡而陰陽俱北還陽北還而入於申陰北還而入於辰此陰陽之所始出地入地之見處也至于中秋之月陽在正西陰在正東謂之秋分秋分者陰陽相半也故晝夜均而寒暑平陽日損而隨陰陰日益而鴻故至于季秋而始霜至于孟冬而始大寒下雪而物咸成大寒而物畢藏天地

之功終矣

天道无二第五十一

天之常道相反之物也不得兩起故謂之一一而不二者天之行也陰與陽相反之物也故或出或入或右或左春俱南秋俱北夏交於前冬交於後並行而不同路交會而各代理此其文與天之道有壹出壹入壹休壹伏其度一也然而不同意陽之出常縣於前而任歲事陰之出常縣於後而守虛空陽之休也功已成於上而伏於下陰之伏也不得近義而遠其處也天之

任陽不任陰好德不好刑如是故陽出而前陰出而後尊德而卑刑之心見矣陽出而積於夏任德以歲事也陰出而積於冬錯刑於空處也小以此察之天無常於物而一於時時之所宜而一爲之故開一塞一起一廢一而至畢時而止終有復始其一一者一也是於天凡在陰位者皆惡亂善不得主名天之道也故常一而不滅天之道事無大小物無難易反天之道無成者是以目不能貳視耳不能貳聽一手不能二事一手畫方一手畫圓莫能成人爲小易之物

而終不能成反天之不可行如是是故古之人物而書文止於一者謂之忠持二忠者謂之患患人之忠不一者也不一者故患之所由生也是故君子賤二而貴一人孰無善善不一故不足以立身治孰無常常不一故不足以致功詩云上帝臨汝無二爾心知天道者之言也

煖燠孰多第五十二

天之道出陽爲煖以生之出陰爲清以成之是故非薰也不能有育非溧也不能有孰歲之精也知心而不省薰與溧孰多者用之必與天戾

與天戾雖勞不成是自正月至于十月而天之功畢計是間者陰與陽各居幾何薰與溧其日孰多距物之初生至其畢成露與霜其下孰倍故從中春生於秋氣温柔和調乃季秋九月陰乃始多於陽天乃於是時出溧下霜出溧下霜而大降物固已皆成矣故九月者天之功大究於是月也十月而悉畢故案其迹數其實清溧之日少少耳功已畢成之後陰乃大出天之成功也少陰與而大陰不與少陰在内而大陰在外故霜加物而雪加於空空者亶地而已不逮

物也功已畢成之後物未復生之前大陰之所常出也雖曰陰亦以大陽資化其位而不知所受之故聖王在上位天覆地載風令雨施雨施者布德均也風令者言令直也詩云不識不知順帝之則言弗能知識而效天之所爲云爾爲水湯旱非常經也適遭世氣之變而陰陽失平堯視民如子民親堯如父母尚書曰二十有八載放勳乃殂落百姓如喪考妣四海之內閼密八音三年三年陽氣厭於陰陰氣大興此禹所以有水名也桀天下之殘賊也湯天下之盛德

也天下除殘賊而得盛德大善者再是重陽也故湯有旱之名皆適遭之變非禹湯之過毋以適遭之變疑平生之常則所守不失則正道益明

基義第五十三

凡物必有合合必有上必有下必有左必有右必有前必有後必有表必有裏有美必有惡有順必有逆有喜必有怒有寒必有暑有晝必有夜此皆其合也陰者陽之合妻者夫之合子者父之合臣者君之合物莫無合而合各有陰陽

陽兼於陰陰兼於陽夫兼於妻妻兼於夫父兼
於子子兼於父君兼於臣臣兼於君君臣父子
夫婦之義皆取諸陰陽之道君爲陽臣爲陰父
爲陽子爲陰夫爲陽妻爲陰陰道無所獨行其
始也不得專起其終也不得分功有所兼之義
是故臣兼功於君子兼功於父妻兼功於夫陰
兼功於陽地兼功於天舉而上者抑而下也有
屏從而左也有引而右也有親而任也有疏而
遠也有欲日益也有欲日損也益而用而損其
妨有時損少而益多有時損多而益少少[illegible]不

至絶多而不至溢陰陽二物終歲各壹出壹其出遠近同度而不同意陽之出也常縣於前而任事陰之出也常縣於後而守空處而見天之親陽而踈陰任德而不任刑也是故仁義制度之數盡取之天天爲君而覆露之地爲臣而持載之陽爲夫而生之陰爲婦而助之春爲父而生之夏爲子而養之秋爲死而棺之冬爲痛而喪之王道之三綱可求于天天出陽爲煖以生之地出陰爲清以成之不煖不生不清不成然而計其多少之分則煖暑居百而清寒居一德

教其與刑罰猶此也故聖人多其愛而少其嚴厚其德而簡其刑以此配天天之大數必有十旬旬天地之數十而畢舉旬生長之功十而畢成天之氣徐乍寒乍暑故寒不凍暑不渴以其有餘徐來不暴卒也易曰履霜堅冰蓋言遜也然則上堅不踰等果是天之所爲弗作而成也人之所爲亦當匆作而極也凡有與者稍稍上之以遜順往使人心說而安之無使人心恐一作怨而不使故曰君子以人治人懂能愿此之謂也聖人之道同諸天地蕩諸四海變習易俗

闕文第五十四

春秋繁露卷第十二

氣也故陰陽之動使人足病喉痺起則地氣上
爲雲雨而象亦應之也天地之符陰陽之副常
設於身身猶天也數與之相參故命與之相連
也天以終歲之數成人之身故小節三百六十
六副日數也大節十二分副月數也內有五藏
副五行數也外有四肢副四時數也乍視乍瞑
副晝夜也乍剛乍柔副冬夏也乍哀乍樂副陰
陽也心有計慮副度數也行有倫理副天地也
此皆暗膚著身與人俱生比而偶之弇合于其
可數也副數不可數者副類皆當同而副天一

也是故陳其有形以著其無形者拘其可數者以此言道之亦宜以類相應猶其形也以數相中也

同類相動第五十七

今平地注水去燥就濕均薪施火去濕就燥百物其去所與異而從其所與同故氣同則會聲比則應其驗皦然也試調琴瑟而錯之鼓其宮則他宮應之鼓其商而他商應之五音比而自鳴非有神其數然也美事召美類惡事召惡類類之相應而起也如馬鳴則馬應之帝王之將

興也其美祥亦先見其將亡也妖孽亦先見物故以類相召也故以龍致雨以扇逐暑軍之所處以棘楚美惡皆有從來以爲命莫知其處所天將陰雨人之病故爲之先動是陰相應而起也天將欲陰雨又使人欲睡卧者陰氣也有憂亦使人卧者是陰相求也有喜者使人不欲卧者是陽相索也水得夜益長數分東風而酒湛溢病者至夜而疾益甚雞至幾明皆鳴而相薄其氣益精故陽益陽而陰益陰陰陽之氣因可以類相益損也天有陰陽人亦有陰陽天地

之陰氣起而人之陰氣應之而起人之陰氣起而天之陰氣亦宜應之而起其道一也明於此者欲致雨則動陰以起陰欲止雨則動陽以起陽故致雨非神也而疑於神者其理微妙也非獨陰陽之氣可以類進退也雖不祥禍福所從生亦由是也無非已先起之而物以類應之而動者也故聰明聖神內視反聽言爲明聖內視反聽故獨明聖者知其本心皆在此耳故琴瑟報彈其宮他宮自鳴而應之此物之以類動者也其動以聲而無形人不見其動之形則謂之

自鳴也又相動無形則謂之自然其實非自然也有使之然者矣物固有實使之其使之無形尚書傳言周將興之時有大赤烏銜穀之種而集王屋之上者武王喜諸大夫皆喜周公曰茂哉茂哉天之見此以勸之也恐恃之

五行相勝第五十八

木者司農也司農爲姦朋黨比周以蔽主明退匿賢士絶滅公卿教民奢侈賓客交通不勸田事博戲鬭雞走狗弄馬長幼無禮大小相虜並爲寇賊横恣絶理司徒誅之齊桓是也行霸任

兵侵蔡蔡潰遂伐楚楚人降伏以安中國木者君之官也夫木者農也農者民也不順如叛則命司徒誅其率正矣故曰金勝木

火者司馬也司馬爲讒反言易辭以譖愬人內離骨肉之親外疎忠臣賢聖旋亡讒邪日昌魯上大夫季孫是也專權擅勢薄國威德反以怠惡譖愬其君羣臣劫惑其君孔子爲魯司寇據義行法季孫自消墮費郈城兵甲有差夫火者大朝有讒邪熒惑其君執法誅之執法者水也故曰水勝火

士者君之官也其相司營司營為神主所為皆曰可主所言皆曰善謟順主指聽從為比進主所善以快主意導主以邪陷主不義大為宮室多為臺榭彫文刻鏤五色成光賦斂無度以奪民財多發繇役以奪民時作事無極以奪民力百姓愁苦叛去其國楚靈王是也作乾谿之臺三年不成百姓罷弊而叛及其身弒夫士者君之官也君大奢侈過土失禮民叛矣其民叛其君窮矣故曰木勝土

金者司徒也司徒為賊內得於君外驕軍士專

權擅勢誅殺無罪侵伐暴虐功戰妄取令不行禁不止將率不親士卒不使兵弱地削令君有恥則司馬誅之楚殺其司徒得臣是也得臣數戰破敵內得於君驕蹇不卹其下卒不爲使當敵而弱以危楚國司馬誅之金者司徒司徒弱不能使士衆則司馬誅之故曰火勝金

水者司寇也司寇爲亂足恭小謹巧言令色聽謁受賂阿黨不平慢令急誅誅殺無罪則司營誅之營蕩是也爲齊司寇太公封於齊問焉以治國之要營蕩對曰任仁義而已太公曰任仁

義柰何管蕩對曰仁者愛人義者尊老太公曰愛人尊老柰何管蕩對曰仁者愛人義者尊老太公曰愛人尊老柰何管蕩對曰愛人者有子不食其力尊老者妻長而夫拜之太公曰寡人欲以仁義治齊今子以仁義亂齊寡人立而誅之以定齊國夫水者執法司寇也執法附黨不平依法刑人則司營誅之故曰土勝水

五行相生第五十九

天地之氣合而爲一分爲陰陽判爲四時列爲五行行者行也其行不同故謂之五行五行者五

官也比相生而間相勝也故謂治逆之則亂順之則法

東方者木農之本司農尚仁進經術之士道之以帝王之路將順其美匡救其惡執規而生至温潤下知地形肥饒美惡立事生則因地之宜召公是也親入南畝之中觀民墾草發淄耕種五穀積蓄有餘家給人足倉庫充實司馬食穀司馬本朝也本朝者火也故曰木生火

南方者火也本朝司馬尚進賢聖之士上知天文其形兆未見其萌芽未生昭然獨見存亡之

機得失之要治亂之源豫禁未然之前執矩而長至忠厚仁輔翼其君周公是也成王幼弱周公相誅管叔蔡叔以定天下天下既寧以安君官者司營司營者土也故曰火生土

中央者土君官也司營尚信卑身賤體宿興夜寐稱述往古以厲主意明見成敗微諫納善防滅其惡絶原塞隙執繩而制四方至忠厚信以事其君據義割恩太公是也應天因時之化威武彊御以成大理者司徒也司徒者金也故曰土生金

西方者金大理司徒也司徒尚義臣死君而衆人死父親有尊卑位有上下各死其事事不踰矩執權而伐兵不苟克取不苟得義而後行至廉而威質直剛毅子咠（疑是胥字）是也伐有罪討不義是以百姓附親邊境安寧寇賊不發邑無獄訟則親安執法者司寇也司寇者水也故曰金生水

北方者水執法司寇也司寇尚禮君臣有位長幼有序朝廷有爵鄉黨以齒升降揖讓般伏拜謁折旋中矩立而磬折拱則抱鼓執衡而藏至

清廉平賂遺不受請謁不聽據法聽訟無有所阿孔子是也爲魯司寇斷獄屯屯與衆共之不敢自專是死者不恨生者不怨百工維時以成器械既成以給司農司農者田官也田官者木故曰水生木

五行逆順第六十

木者春生之性農之本也勸農事無奪民時使歲不過三日行什一之稅進經術之士誕羣禁出輕繫去稽留除桎梏開門閭通障塞恩及草木則樹木華美而朱草生恩及鱗蟲則魚大爲

鱣鯨不見羣龍下如人君出入不時走狗試馬
馳騁不反宮室好婬樂飲酒沈湎縱恣不顧政
治事多發役以奪民時作謀增稅以奪民財民
病疥搔溫體足胻去聲痛咎及於木則茂木枯槁
工匠之輪多傷敗毒水渰羣漉陂如魚咎及鱗
蟲則魚不爲羣龍深藏鯨出見
火者夏成長本朝也舉賢良進茂才官得其能
任得其分賞有功封有德出貨財振困乏正封
疆使四方恩及於人則火順人而甘露降恩及
羽蟲則飛鳥大爲黃鵠出見鳳凰翔如人君惑

於讒邪内離骨肉外踈忠臣至殺世子誅殺不辜逐忠臣以妾爲妻弃法令婦妾爲政賜予不當則民病血壅腫目不明咎及於火則大旱必有火烖摘巢探鷇咎及羽蟲則蜚鳥不爲冬應不來梟鵄羣鳴鳳凰高翔

士者中夏成熟百種君之官循宫室之制謹夫婦之別加親戚之恩恩及土則五穀成而嘉禾興恩及倮蟲則百姓親附城郭充盛賢聖皆遷仙人降如人君好淫佚妻妾過度犯親戚侮父兄欺罔百姓大爲臺榭五色成光雕文刻鏤則

民病心腹宛黃舌爛痛咎及於土則五穀不成暴虐妄誅咎及倮蟲倮蟲不爲百姓叛去賢聖放亡

金者秋殺氣之始也建立旗鼓杖把旄鉞以誅賊殘禁暴虐安集故動衆興師必應義理出則祠兵入則振旅以閑習之因於彼狩存不忘亡安不忘危修城郭繕墻垣審群禁飾兵甲警百官誅不法恩及於金石則涼風出恩及於毛蟲則走獸大爲麒麟至如人君好戰侵陵諸侯貪城邑之賂輕百姓之命則民病喉欬嗽筋攣鼻

佹塞咎及於金則鑄化凝滯凍堅不成四面張罔焚林而獵咎及毛蟲則走獸不爲白虎妄搏麒麟遠去

水者冬藏至陰也宗廟祭祀之始敬四時之祭禘祫昭穆之序天子祭天諸侯祭土閉門閭大搜索斷刑罰執當罪飭關梁禁外徙恩及於水則醴泉出恩及介蟲則黿鼉大爲靈龜出如人君簡宗廟不禱祀廢祭祀執法不順逆天時則病流腫水張痿痺孔竅不通咎及於水霧氣冥冥必有大水水爲民害咎及介蟲則龜深藏鬼

黿鼉呴

治水五行第六十一

日冬至七十二日木用事其氣燥濁而清七十二日火用事其氣慘陽而赤七十二日土用事其氣濕濁而黃七十二日金用事其氣慘淡而白七十二日水用事其氣清寒而黑七十二日復得木木用事則行柔惠誕羣禁至于立春出輕繫去稽留除桎梏開閉闔通障塞存幼孤矜寡獨無伐木火用事則正封疆循田疇至于立夏舉賢良封有德賞有功出使四方無縱火土

用事則養長老存幼孤矜寡獨賜孝悌施恩澤無興土功金用事則脩城郭繕墻垣審羣禁飾甲兵警百官誅不法存長老無焚金石水用事則閉門閭大搜索斷刑罰執當罪飾梁關禁外陡無決池隄

春秋繁露卷第十三

春秋繁露卷第十四

治亂五行第六十二

火干木蟄蟲蚤出蚿雷蚤行　土干木胎夭卵毈鳥蟲多傷　金干木有兵　水干木春下霜　土干火則多雷　金干火草木夷　水干火夏雹　木干火則地動　金干木則五穀傷有殃　水干土夏寒雨霜　木干土倮蟲不爲　火干土則大旱　水干金則魚不爲　木干金則草木再生　火干金則草木秋榮　土干金五穀不成　木干水冬蟄不藏　土干水則蟄蟲

冬出　火干水則星墜　金干水則冬大寒

五行變救第六十三

五行變至當救之以德施之天下則咎除不救以德不出三年天當雨石木有變春凋秋榮秋（一無秋字）木冰春多雨此繇役衆賦斂重百姓貧窮叛去道多飢人救者省繇役薄賦斂出倉穀賑困窮矣火有變冬溫夏寒此王者不明善者不賞惡者不絀不肖在位賢者伏匿則寒暑失序而民疾疫救之者舉賢良賞有功封有德土有變大風至五穀傷此不信也不敬父兄淫泆無

度宮室榮救之者省宮室去彫文舉孝悌恤黎元金有變畢昴爲回三覆有武多兵多盜寇此弃義貪財輕民命重貨賂百姓趣利多姦軌救之者舉廉潔立正直隱武行文束甲械水有變冬濕多霧春夏雨雹此法令緩刑罰不行救之者憂囹圄案姦宄誅有罪蒐五日

五行五事第六十四

王者與臣無禮皃不肅敬則木不曲直而夏多暴風風者木之氣也其音角也故應之以暴風王者言不從則金不從革而秋多霹靂霹靂者

金氣也其音商也故應之以霹靂王者視不明則火不炎上而秋多電電者火氣也其音徵也故應之以電王者聽不聰則水不潤下而春夏多暴雨雨者水氣也其音羽也故應以暴雨王者心不能容則稼穡不成而秋多雷雷者土之氣也其音宮也故應之以雷五事一曰貌二曰言三曰視四曰聽五曰思何謂也夫五事者人之所受命於天也而王者所修而治民也故王者爲民治則不可以不明準繩不可以不正王者貌曰恭恭者敬也言曰從從者可從視者明

明者知賢不肖者分明白黑也聽曰聰聰者能聞事而審其意也思曰容容者言無不容恭作肅從作乂明作哲聰作謀容作聖何謂也恭作肅言王誠能內有恭敬之姿而天下莫不肅矣從作乂言王者言可從明正從行而天下治矣明作哲哲者知也王者明則賢者進不肖者退天下知善而勸之知惡而恥之矣聰作謀謀者謀事也王者聰則聞事與臣下謀之故事無失謀矣容作聖聖者設也王者心寬大無不容則聖能施設事各得其宜也

王者能敬則春氣得故肅肅者主春春陽氣微萬物柔易移弱可化於時陰氣爲賊故王者欽欽不以議陰事然後萬物遂生而木可曲直也春行秋政則草木彫行冬政則雪行夏政則殺春失政則有闕文

王者能治則義立義立則秋氣得故義者主秋秋氣始殺王者行小刑罰民不犯則禮義成於時陽氣爲賊故王者輔以官牧之事然後萬物成熟秋草木不榮華金從革也秋行春政則華行夏政則喬行冬政則落秋失政則春天風不

解雷不發

王者能知則知善惡知善惡則夏氣得故哲者主夏夏陽氣始盛萬物兆長王者不揜明則道不退塞而夏至之後大暑隆萬物茂育懷任王者恐明不知賢不肖分明白黑於時寒爲賊故王者輔以賞賜之事然後夏草木不霜火炎上也夏行春政則風行秋政則水行冬政則落夏失政則冬不凍冰五穀不藏大寒不解

王者無失謀然後冬氣得故謀者主冬冬陰氣始盛草木必死王者能聞事審謀慮之則不侵

伐不侵伐伐且殺則死者不恨生者不怨冬日至之後大寒隆萬物藏於下於時暑爲賊故王者輔之以急斷之以事水潤下也冬行春政則蕭行夏政則雷行秋政則旱冬失政則夏草木不實霜五穀疾枯

郊語第六十五

人之言醞去煙鴟羽去眯慈石取鐵頸一作真金取火蠶珥絲於室而絃絕於堂禾實於野而粟缺於倉蕪荑生於燕橘枳死於荆此十物者皆奇而可怪非人所意也夫非人所意而然既已

有之矣或者吉凶禍福利不利之所從生無有奇怪非人所意如是者乎此等可畏也孔子曰君子有三畏畏天命畏大人畏聖人之言彼豈無傷害於人如孔子徒畏之哉以此見天之不可不畏敬猶主上之不可不謹事不謹事主其禍來至顯不畏敬天其殃來至闇闇者不見其端若自然也故曰堂堂如天殃言不必立校默而無聲潛而無形也由是觀之天殃與上罰所以別者闇與顯耳不然其來逮人殆無以異孔子同之俱言可畏也天地神明之心與人事成

敗之真固莫之能見也唯聖人能見之聖人者見人之所不見者也故聖人之言亦可畏也奈何而廢郊禮郊禮者人所最甚重也廢聖人所最甚重而吉凶利害在於冥冥不可得見之中雖已多受其病何從知之故曰問聖人者問其所爲而無問其所以爲也問其所以爲終弗能見不如勿問問爲而爲之所不爲而勿爲是與聖人同實也何過之有詩云不騫不忘率由舊章舊章者先聖人之故文章也率由各有修從之也此言先聖人之故文章者雖不能深見而

詳知其則猶不知其美譽之功矣今郊事天之義此聖人故云云

春秋繁露卷第十四

天祿琳瑯 乾隆御覽之寶

五福五代堂古稀天子寶

八徵耄念之寶

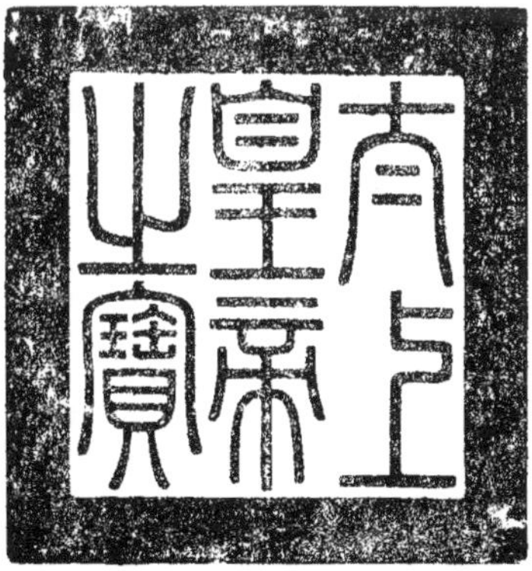
太上皇帝之寶

五福五代堂古稀天子寶

八徵耄念之寶

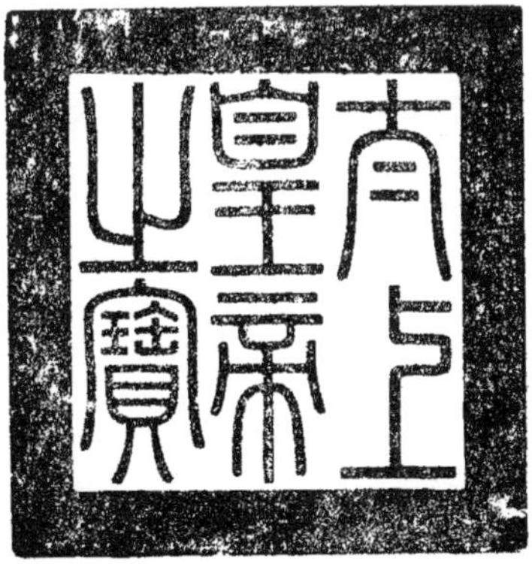
太上皇帝之寶

春秋繁露卷第十五

郊義第六十六

郊義春秋之法王者歲一祭天於郊四祭於宗廟宗廟因於四時之易郊因於新歲之初聖人有以起之其以祭不可不親也天者百神之君王者之所最尊也以最尊天之故故易始歲更紀即以其初郊郊必以正月上辛者言以所最尊首一歲之事每更紀者以郊郊祭首之先貴之義尊天之道也

郊祭第六十七

春秋之義國有大喪者止宗廟之祭而不止郊
祭不敢以父母之喪廢事天地之禮也父母之
喪至哀痛悲苦也尚不敢廢郊也孰足以廢郊
者故其在禮亦曰喪者不祭唯祭天爲越喪而
行事夫古之畏敬天而重天郊如此甚也今羣
臣學士不探察曰萬民多貧或頗飢寒足郊乎
是何言之誤天子父母事天而子孫畜萬民民
未徧飽無用祭天者是猶子孫未得食無用食
父母也言莫逆於是是其去禮遠也先貴而後
賤孰貴於天子天子號天之子也柰何受爲天

子之號而無天子之禮天子不可不祭天也無異人之不可以不食父故古之聖王文章之最重者也前世王莫不從重栗精奉之以事上天至於秦而獨闕然廢之一何不率由舊章之大甚也天者百神之大君也事天不備雖百神猶無益也何以言其然也祭而地（疑是他字）神者春秋譏之孔子曰獲罪於天無所禱也是其法也故未見秦國致天福如周國也詩曰唯此文王小心翼翼昭事上帝允懷多福多福者非謂人也事功也謂天之所福也傳曰周國子多賢蕃殖

至于駢孕男者四四產而得八男皆君子俊雄也今此天之所以興周國也非周國之所能爲也今秦與周俱得爲天子而所以事天者異於周以郊爲百神始始入歲首必以正月上辛日先享天乃敢于地先貴之義也夫歲先之與歲弗行也相去遠矣天下福若無可恠者然所以久弗行者非灼灼見其當而故弗行也典禮之官常嫌疑莫能昭昭明其當也今切以爲其當與不當可内反於心而定也堯謂舜曰天之歷數在爾躬言察身以知天也今身有子孰不欲

其有子禮也聖人正名名不虛生天子者則天之子也以身度天獨何爲不欲其子之有子禮也今爲其天子而闕然無祭於天天何必善之所聞曰天下和平則災害不生今災害生見天下未和平也天下所未和平者天子之教化不行也詩曰有覺德行四國順之覺者著也王者有明著之德行於世則四方莫不響應風化善於彼矣故曰悅有慶賞嚴於刑罰疾於法令

四祭第六十八

古者歲四祭四祭者因四時之所生熟而祭其

先祖父母也故春曰祠夏曰礿秋曰嘗冬曰蒸
此言不失其時以奉祭先祖也過時不祭則失
爲天子之道也祠者以正月始食韭也礿者以
四月食麮也嘗者以七月嘗黍稷也蒸者以十
月進初稻也此天之經也地之義也孝子孝婦
緣天之時因地之利已受命而王必先祭天乃
行王事文王之伐崇是也詩曰濟濟辟王左右
奉璋奉璋峩峩髦士攸宜此文王之郊也其下
之辭曰淠彼涇舟烝徒檝之周王于邁六師及
之此文王之伐崇也上言奉璋下言伐崇以是

見文王之先郊而後伐也文王受命則郊郊乃伐崇崇國之民方困於暴亂之君未得被聖人德澤而文王已郊矣安在德澤未洽者不可以郊乎

郊祀第六十九

爲人子而不事父者天下莫能以爲可今爲天爲子而不事天何以異是是故天子每至歲首必先郊祭以享天乃敢爲地行子禮也每將興師必先郊祭以告天乃敢征伐行子道也文王受天命而王天下先郊乃敢行事而興師伐崇

其詩曰芃芃棫樸薪之槱之濟濟辟王左右趨之濟濟辟王左右奉璋奉璋峩峩髦士攸宜此郊辭也其下曰淠彼涇舟烝徒檝之周王于邁六師及之此伐辭也其下曰文王受命有此武功既伐于崇作邑于豐以此辭者見文王受命則郊郊乃伐崇伐崇之時民何處央殃一作乎周宣王時天下旱歲惡甚王憂之其詩曰倬彼雲漢昭回於天王曰嗚乎何辜今之人天降喪亂飢饉洊臻靡神不舉靡愛斯牲珪璧既卒寧莫我聽旱既太甚蘊隆蟲蟲不殄禋祀自郊徂

宮上下奠瘞靡神不宗后稷不克上帝不臨耗
射下土寧丁我躬宣王自以爲不能乎后稷不
中乎上帝故有此災有此災愈恐懼而謹事天
天若不予是家是家者安得立爲天子立爲天
子者天予是家天予是家者天使是家天使是
家者是家天之所予也天之所使也天已予之
天已使之其間不可以接天何哉故春秋凡譏
郊未嘗譏君德不成以郊也及不郊而祭山川
失祭之厚逆於禮故必譏之以此觀之不祭天
者乃不可祭小神也郊因先卜不吉不敢郊百

神之祭不卜而郊獨卜郊祭最大也春秋譏喪祭不譏喪郊郊不辟喪喪尚不辟況它物郊祝曰皇皇上天照臨下土集地之靈降甘風雨庶物羣生言而已矣夫不自爲言而爲庶物羣生言以人心庶天無尤焉天無尤焉而辭恭順宜可喜也右郊祀九句九句者陽數也

順命第七十

父者子之天也天者父之天也無天而生未之有也天者萬物之祖萬物非天不生獨陰不生獨陽不生陰陽與天地參然後生故曰父之子

也可尊毋之子也可卑尊者取尊號卑者取卑號故德侔天地者皇天右而子之號稱天子其次有五等之爵以尊之皆以國邑爲號其無德於天地之間者州國人民甚者不得繫國邑皆絕骨肉之屬離人倫謂之閽盜而已無名姓號氏於天地之間至賤乎賤者也其尊至德巍巍乎不可以加矣其卑至賤冥冥其無下矣春秋列序位卑尊之陳累累乎可得而觀也雖闇且愚莫不昭然地之菜茹瓜果藝之稻麥黍稷菜生穀熟永思吉日供具祭物齋戒沐浴潔清致

敬祀其先祖父母孝子孝婦不使時過已處之以愛敬行之以恭讓亦殆免於罪矣公子慶父罪亦不當繫於國以親之故爲之諱而諸毋之國齊之仲孫去其公子之親也故有大罪不奉其天命者皆弃其天倫人於天也以道受命其於人以言受命不若於道者天絶之不若於言者人絶之臣子大受命於君辭而出疆唯有社稷國家之危猶得發辭而專安之盟是也天子受命於天諸侯受命於天子子受命於父臣妾受命於君妻受命於夫諸所受命者其尊皆天

也雖謂受命於天亦可不天亦可天子不能天
命則廢而稱公王者之後是也公侯不能奉天
子之命則名絶而不得就位衛侯朔是也子不
奉父命則有伯討之罪衛世子蒯聵是也臣不
奉君命雖善以叛言晉趙鞅入于晉陽以叛是
也妾不奉君之命則媵女先至者是也妻不奉
夫之命則絶夫不言及是也曰不奉順於天者
其罪如此子曰畏天命畏大人畏聖人之言其
祭社稷宗廟山川鬼神不以其道無災無害至
于祭天不享其卜不從使其牛口傷鼷鼠食其

角或言食牛或言食而死或食而生或不食而
自死或改卜而牛死或卜而食其角過有深淺
薄厚而災有簡甚不可不察也猶郊之變因其
災而之變應而無爲也見百事之變之所不知
而自然者勝言與以此見其可畏專誅絶者其
唯天乎臣殺君子殺父三十有餘諸其賤者則
損以此觀之可畏者其唯天命大人乎亡國五
十有餘皆不事畏者也況不畏大人專誅之君之
滅者何日之有哉魯宣違聖人之言變古易常
而災立至聖人之言可不慎此三畏者異指而

同致故聖人同之俱言其可畏也

郊事對第七十一

廷尉臣湯昧死言曰臣湯承制以郊事問故膠西相仲舒臣仲舒對曰所聞古者天子之禮莫重於郊郊常以正月上辛者所以先百神而最居前禮三年喪不祭其先而不敢廢郊郊重於宗廟天尊於人也王制曰祭天地之牛繭栗宗廟之牛握賓客之牛尺此言德滋美而牲滋微也春秋曰魯祭周公用白牲色白貴純也帝牲在滌三月牲貴肥潔而不貪其大也凡養牲之

道務在肥潔而已駒犢未能勝芻豢之食莫如令其毋便臣謹問仲舒魯祀周公用白牲非禮臣仲舒對曰禮也臣湯問曰周天子用騂剛羣公不毛周公諸公也何以得周純牲臣仲舒對曰武王崩成王幼而在襁褓之中周公繼文武之業成二聖之功德漸天地澤被四海故成王賢而貴之詩云無德不報故成王使祭周公以白牡上不得與天子同色下有異於諸侯仲舒愚以爲報德之禮臣湯問仲舒天子祭天諸侯祭土魯何緣以祭郊臣仲舒對曰周公傅成王

成王遂及聖功莫大於此周公聖人也有祭故成王令魯郊也臣湯問仲舒魯祭周公用白牲其郊何用臣仲舒對曰魯郊用純騂剛周色上赤魯以天子命郊故以騂臣湯問仲舒祠宗廟或以鶩當鳧鶩非鳧可用否仲舒對曰鶩非鳧鳧非鶩也臣聞孔子入太廟每事問慎之至也陛下察躬親齋戒沐浴以承宗廟甚謹敬柰何以鳧當鶩鶩當鳧名實不相應以承太廟不亦不稱乎臣仲舒愚以爲不可臣犬馬齒衰賜骸骨伏陋巷陛下乃幸使九卿問以朝廷之事臣

愚陋曾不足以承明詔奉大對臣仲舒昧死以
聞

春秋繁露卷第十五

春秋繁露卷第十六

執贄第七十二

凡執贄天子用暘公侯用玉卿用羔大夫用鴈鴈乃有類於長者長者在民上必施然有先後之隨必淑然有行列之治故大夫以爲贄羔乃有其類天者天之道任陽不任陰王者之道任德不任刑順天也羔有角而不任設備而不用類好仁者執之不鳴殺之不諦類死義者羔食於其母必跪而受之類知禮者故羊之爲言猶祥與故卿以爲贄玉有似君子子曰人而不仁

如之何如之何者吾末如之何也矣故匿病者不得良醫羞問者聖人去之以爲遠功而近有災是則不有玉至清而不蔽其惡內有瑕穢必見之於外故君子不隱其短不知則問不能則學取之玉也君子比之玉玉潤而不汚是仁而至清潔也廉而不殺是義而不害也堅而不硻過而不濡視之如庸展之如石狀如石搔而不可從燒潔白如素而不受汚玉類備者故公侯以爲贄賜有似於聖人者純仁淳粹而有知之貴也擇於身者盡爲德音發於事者盡爲潤澤

積美陽芬香以通之天暢亦取百香之心獨末之合之爲一而達其臭氣暢天子其淳粹無擇與聖人一也故天子以爲贄而各以事上也觀贄之意可以見其事

山川頌第七十三

山則巃嵸𡾰嶉嶊嵬嶵巍久不崩弛似夫仁人志士孔子曰山川神祇立寶藏殖器用資曲直合大者可以爲宮室臺榭小者可以爲舟輿浮灄大者無不中小者無不入持斧則斫折鐮則艾生人立禽獸伏死人入多其功而不言是以

君子取譬也且積土成山無損也成其高無害也成其大無虧也小其上泰其下久長安後世無有去就儼然獨處惟山之意詩云節彼南山惟石巖巖赫赫師尹民具爾瞻此之謂也水則源泉混混法法晝夜不竭既似力者盈科後行既似持平者循微赴下不遺小間既似察者循谿谷不迷或奏萬里而必至既似知者鄣防山而能清淨既似知命者不清而入潔清而出既善化者赴千仞之壑石而不疑既似勇者物皆困（或困是）於火而水獨勝之既似武者咸得之生

失之而死既似有德者孔子在川上曰逝者如斯夫不舍晝夜此之謂也

求雨第七十四

春旱求雨令縣邑以水日令民禱社家祀户無伐名木無斬山林暴巫聚蛇八日於邑東門之外爲四通之壇方八尺植蒼繒八其神共工祭之以生魚八玄酒具清酒膊脯擇巫之清潔辯言利辭者以祝祝齋三日服蒼衣先再拜乃跪陳陳已復再拜乃起祝曰昊天生五穀以養人今五穀病旱恐不成敬進清酒膊脯再拜請雨

雨莘大澍奉牲禱以甲乙日爲大蒼龍一長八
丈居中央爲小龍七各長四丈於東方皆東向
其間相去八尺小童八人皆齋三日服青衣舞
之田嗇夫亦齋三日服青衣而立之諸里社通
之於閭外溝取五蝦蟇錯置社中池方八尺深
二尺置水蝦蟇焉具清酒膊脯祝齋三日服蒼
衣拜跪陳祝如初取三歲雄雞三歲豬皆燔之
於四通神宇令閭邑里南門置水其外開北門
具老豭豬一置之於里北門之外市中亦置一
豭豬聞鼓聲皆燒豬尾取死人骨埋之開山淵

積薪而燔之決通道橋之壅塞不行者決瀆之幸而得雨以猪一酒鹽黍財足以茅爲席毋斷

夏求雨令邑以水日家人祀竈無舉土功更大浚井暴釜於壇臼杵于術七日爲四通之壇於邑南門外方七尺植赤繒七其神蚩尤祭之以赤雄雞七玄酒具清酒膊脯祝齋三日服赤衣拜跪陳祝如春辭以丙丁日爲大赤龍一長七丈居中央又爲小龍六長各三丈五尺於南方皆南鄉其間相去七尺壯者七人皆齋三日服赤衣而舞之司空嗇夫亦齋三日服赤衣而立

之鑿而通之閭外之溝取五蝦蟇錯置里社之中池方七尺深一尺酒脯祝齋衣赤衣拜跪陳祝如初取三歲雄雞猳豬燔之四通神宇開陰閉陽如春季夏禱山陵以助之令縣邑壹徙市於邑南門之外五日禁男子無得行入市家人祠中霤無興土功聚巫市傍爲之結蓋爲四通之壇於中央植黄繒五其神后稷祭之以毋飩五玄酒具清酒膊脯令名爲祝齋三日衣黄皆如春祠以戊巳日爲大黄龍一長五丈居中央又爲小龍四各長二丈五尺於南方皆南鄉其

閭相去五尺丈夫五人齋三日服黄衣而舞之
五人亦齋三日衣黄衣而立之亦通社中於閭
外溝取蝦蟇池方五尺深一尺他皆如前神農
求雨第十九日戊己不雨命爲黄龍又爲大龍
社者舞之李立之又曰東方小僮舞之南方壯
者西方沾未詳人北方下疑少一字人舞之秋暴巫至
九日無舉火事煎金器冢人祠門爲四通之壇
於邑西門之外九尺植白繒九其神太昊祭之
桐木魚九玄酒具清酒膊脯衣白衣他如春以
庚辛日爲大白龍一長九丈居中央爲小龍八

各長四丈五尺於西方皆西向其間相去九尺鰥者九人皆齋三日服白衣而舞之司馬亦齋三日衣白衣而立之蝦蟇池方九尺深一尺他皆如前冬儛龍六日禱於名山以助之家人祠井無壅水爲四通之壇於邑北門之外方六尺植黑繒六其神玄冥祭之以黑狗子六玄酒具清酒膊脯祝齋三日衣黑衣祝禮如春以壬癸日爲大黑龍一長六丈居中央爲小龍各長三丈於北方皆北鄉其間相去六尺老者六人皆齋三日衣黑衣而舞之尉亦齋三日服黑衣而

立之蝦蟇池如春四時皆以水爲龍必取潔土爲之結蓋龍成而發之四時皆以庚子之日令吏民夫婦皆偶處凡求雨之大體丈夫欲藏匿女子欲和而樂神書又曰開神山神淵積薪夜擊鼓譟而燔之爲其旱也

止雨第七十五

雨太多令縣邑以土日塞水瀆絶道蓋井禁婦人不得行入市令縣鄉里皆掃社下縣邑若丞令吏嗇夫三人以上祝一人鄉嗇夫若吏三人以上祝一人里正父老三人以上祝一人皆齋

三日各衣時衣具豚一黍鹽美酒財足祭社擊鼓三日而祝先再拜乃跪陳陳已復再拜乃起祝曰諸天生五穀以養人今淫雨太多五穀不和敬進肥牲清酒以請社靈幸爲止雨除民所苦無使陰滅陽陰滅陽不順于天天之常意在於利人人願止雨敢告于鼓鼓而無歌至罷乃止凡止雨之大禮女子欲其藏而匿也丈夫欲其和而樂也開陽而閉陰闔水而開火以朱絲縈社十周衣朱衣赤幘言罷二十一年八月庚申朔丙午江都相仲舒告内史中尉陰雨太久

恐傷五穀趣止雨止雨之禮廢陰起陽書十七
縣八十離鄉及都官吏千石以下夫婦在官者
咸遣婦女子不得至市市無諸（一作詣）井蓋之勿
令泄鼓用牲于社祝之曰雨以太多五穀不和
敬進肥牲以請社靈社靈幸爲止雨除民所苦
無使陰滅陽陰滅陽不順于天天意常在於利
民願止雨敢告鼓用牲于社皆壹以辛亥之日
書到即起縣社令長若丞尉官長各城邑社嗇
夫里吏正里人皆出至于社下鋪而罷三日而
止未至三日天大星亦止

祭義第七十六

五穀食物之性也天之所以爲賜人也宗廟上四時之所成受賜而薦之宗廟敬之性也於祭之而宜矣宗廟之祭物之厚無上也春上豆實夏上尊實秋上机實冬上敦實豆實韭也春之始所生也尊實麷（一作麰）也夏之所受初也机實黍也秋之所先成也敦實稻也冬之所畢熟也始生故曰祠善其司也夏約故曰礿貴所初礿也先成故曰嘗嘗言甘也畢熟故曰蒸蒸言衆也奉四時所受於天者而上之爲上祭貴天賜

且尊宗廟也孔子受君賜則以祭況受天賜乎一年之中天賜四至至則上之此宗廟所以歲四祭也故君子未嘗不食新新天賜至必先薦之乃取食之尊天敬宗廟之心也尊天美義也敬宗廟大禮也聖人之所謹也不多而欲潔清不貪數而欲恭敬君子之祭也恭親之致其中心之誠盡敬潔之道以接至尊故鬼享之享之如此乃可謂之能祭祭者察也以善逮鬼神之謂也善乃逮不可聞見者故謂之察吾以名之所享故祭之不虛安所可察哉祭之爲言際也

與祭也祭然後能見不見見不見之見者然後知天命鬼神知天命鬼神然後明祭之意明祭之意乃知重祭事孔子曰吾不與祭祭神如神在重祭事如事生故聖人於鬼神也畏之而不敢欺也信之而不獨任事之而不專恃恃其公報有德也幸其不私與人福也其見於詩曰嗟爾君子毋恒安息靜共爾位好是正直神之聽之介爾景福正直者得福也不正者不得福此其法也以詩爲天下法矣何謂不法哉其辭直而重有再歎之欲人省其意也而人尚不省何

其志哉孔子曰書之重辭之複嗚呼不可不察也其中必有美者焉此之謂也

循天之道第七十七

循天之道以養其身謂之道也天有兩和以成二中歲立其中用之無窮是北方之中用合陰而物始動於下南方之中用合陽而養始美於上其動於下者不得東方之和不能生中春是也其養於上者不得西方之和不得成中秋是也然則天地之美惡在兩和之處二中之所來歸而遂其爲也是故和東方生而西方成東方

和生北方之所起前而西方和成南方之所養長起之不至於和之所不能生養長之不至於和之所不能成成於和生必和也始於中止必中也中者天下之所終始也而和者天地之所生成也夫德莫大於和而道莫正於中中者天地之美達理也聖人之所保守也詩云不剛不柔布政優優此非中和之謂歟是故能以中和理天下者其德大盛能以中和養其身者其壽極命男女之法法陰與陽陽氣起於北方至南方而盛盛極而合乎陰陰氣起乎中夏至中冬

而盛盛極而合乎陽不盛不合是故十月而壹俱盛終歲而乃再合天地久節以此爲常是故先法之内矣養身以全使男子不堅牡不家室陰不極盛不相接是以故身精明難衰而堅固壽考無忒此天地之道也天氣先盛牡而後施精故其精固地氣盛牝而後化故其化良是故陰陽之會冬合北方而物動於下夏合南方而物動於上上下之大動皆在日至之後爲寒則凝冰裂地爲熱則焦沙爛石氣之精至于是故天地之化春氣生而百物皆出夏氣養而百物

皆長秋氣殺而百物皆死冬氣收而百物皆藏是故惟天地之氣而精出入無形而物莫不應實之至君子法乎其所貴天地之陰陽當男女人之男女當陰陽陰陽亦可以謂男女男女亦可以謂陰陽天地之經生至東方之中而所生大養至西方之中而所養大成一歲四起業而必於中中之所爲而必就於和故曰和其要也和者天之正也陰陽之平也其氣最良物之所生也誠擇其和者以爲大得天地之奉也天地之道雖有不和者必歸之於和而所爲有功雖

有不中者必止之於中而所爲不失是故陽之行始於北方之中而止於南方之中陰之行始於南方之中而止於北方之中陰陽之道不同至於盛而皆止於中其所始起皆必於中中者天地之大極也日月之所至而却也長短之隆不得過中天地之制也兼和與不和中與不中而時用之盡以爲功是故時無不時者天地之道也順天之道節者天之制也陽者天之寛也陰者天之急也中者天之用也和者天之功也舉天地道而美於和是故物生皆貴氣而迎養

之孟子曰我善養吾浩然之氣者也謂行必終禮而心自喜常以陽得生其意也公孫之養氣曰裹藏（三字未詳）大實則氣不通泰虛則氣不足熱勝則氣寒（此下疑少五字）泰勞則氣不入泰佚則氣宛至怒則氣高喜則氣散憂則氣狂懼則氣懾凡此十者氣之害也而皆生於不中和故君子怒則反中而自說以和喜則反中而收之以正憂則反中而舒之以意懼則反中而實之以精夫中和之不可反如此故君子道至（一作氣則）華而上凡氣從心心氣之君也何爲而氣不隨也是

以天下之道者皆言內心其本也故仁人之所
以多壽者外無貪而內清淨心平和而不失中
正取天地之美以養其身是其且多且治鶴之
所以壽者無宛氣於中是故食冰猨之所以壽
者好引其末是故氣四越天氣常下施於地是
故道者亦引氣於足天之氣常動而不滯是故
道者亦不宛氣茍不治雖滿不虛是故君子養
而和之節而法之去其羣泰取其衆和高臺多
陽廣室多陰遠天地之和也故人弗爲適之而
已矣法人八尺四尺其中也宮者中央之音也

甘者中央之味也四尺者中央之制也是故三
王之禮味皆尚甘聲皆尚和處其身所以常自
漸於天地之道其道同類一氣之辨也法天者
乃法人之辨天之道嚮秋冬而陰來嚮春夏而
陰去是故古之人霜降而迎女冰泮而殺內與
陰俱近與陽遠也天地之氣不致盛滿不交陰
陽是故君子甚愛氣而游於房以體天也氣不
傷於以盛通而傷於不時天并不與陰陽俱往
來謂之不時恣其欲而不顧天數謂之天并君
子治身不敢違天是故新牡十日而壹游於房

中年者倍新壯始衰者倍中年中衰者倍始衰大衰者以月當新壯之日而上與天地同節矣此其大略也然而其要皆期於不極盛不相遇踈春而曠夏謂不遠天地之數民皆知愛其衣食而不愛其天氣天氣之於人重於衣食衣食盡尚猶有閒氣而立終故養生之大者乃在愛氣氣從神而成神從意而出心之所之謂意意勞者神擾神擾者氣少氣少者難久矣故君子閑欲止惡以平意平意以靜神靜神以養（一作愛）氣氣多而治則養身之大者得矣古之道士有

言曰將欲無陵固守一德此言神無離形則氣多內充而忍飢寒也知樂者生之外泰也精神者生之內充也外泰不若內充而況外傷乎忿恤憂恨者生之傷也和說勸善者生之養也君子慎小物而無大敗也行中正聲嚮榮氣意和平居處虞樂可謂養生矣凡養生者莫精於氣故天下之君此物獨死可食者告其味之便於人也其不食者告殺穢除害之不待秋也當物之大枯之時羣物皆死如此物獨生其可食者益食之天爲之利人獨代生之其不可食益畜

之天悠州華之間故生宿麥中歲而熟之君子察物之異以求天意大可見矣是故男女體其盛臭味取其勝居處就其和勞佚居其中寒煖無失適飢飽無過平欲惡度理動靜順性命喜怒止於中憂懼反之正此中和常在乎其身謂之大得天地泰大得天地泰者其壽引而長不得天地泰者其壽傷而短短長之質人之所曰受於人也是故壽有短長養有得失及至其末之大卒而必讎於此莫之得離故壽之爲言猶讎也天下之人雖衆不得不各讎其所生而壽

天與其所以自行可久之道者其壽讎於久自行不可久之道者其壽亦讎於不久久與不久之精各讎其平生之所行今如後至不可得勝故曰壽者讎也然則人之所自行乃與其壽夭相益損也其自行佚而壽長者命益之也其行端而壽短者命損之也以天命之所損益疑人之所得失此大惑也是故天長之而人傷之者其長損天短之而人養之者其短益夫損夭者皆人人其天之繼歟出其質而人弗繼豈獨立哉

春秋繁露卷第十七

天地之行第七十八

天地之行美也是故春襲葛夏居密陰秋避殺風冬避重潔就其和也衣欲常漂食欲常飢體欲常勞而無長佚居多也凡天地之物乘於其泰而生厭於其勝而死四時之變是也故冬之水氣東加於春而木生乘其泰也春之生西至金而死厭於勝也生於木者至金而死生於金者至火而死春之所生而不得過秋秋之所生不得過夏天之數也飲食臭味每至一時亦有

所勝有所不勝之理不可不察也四時不同氣
氣各有所宜宜之所在其物代美視代美而代
養之同時美者雜食之是皆其所宜也故薺以
冬美而芬以夏成此可以見冬夏之所宜服矣
冬水氣也薺甘味也乘於水氣而美者甘勝寒
也薺爲之言濟與濟大水也夏火氣也芬苦味
也乘於火氣而成者苦勝暑也天無所言而意
以物物不與羣物同時而生死者必深察之是
天所告人也故薺成告之甘芬成告之苦也君
子察物而成告謹是以至薺不可食之時而盡

遠甘物至芬成就也天獨所代之成者君子獨
代之是冬夏之所宜也春秋雜物其和而冬夏
代服其宜則當得天地之美四時和矣凡擇味
之大體冬其時所之美而違天不遠矣是故當
百物大生之時羣物皆生而難不惜其命所以
救窮也推進光榮褒揚其善所以明也受命宣
恩輔成君子所以助化也功成事就歸德於上
所以致義也是故地明其理爲萬物母臣明其
職爲一國宰母不可以不信宰不可以不忠母
不信則草木傷其根宰不忠則姦臣危其君根

傷則亡枝葉君危則忘其國故爲地者務暴其形爲臣者務著其情一國之君其猶一體之心也隱居深宮若心之藏於胷至貴無與適若心之神無與雙也其官人上士高清明而下重濁若身之貴目而賤足也任羣臣無所親若四肢之各有職也內有四輔若心之有肝肺脾腎也外有百官若心之有形體孔竅也親聖近賢若神明皆聚於心也上下相承順若肢體相爲使也布恩施惠若元氣之流皮毛腠理也百姓皆得其所若流血氣和平形體無所苦也無爲致

太平若神氣無自通於淵也致黃龍鳳凰若神
明之致玉女芝英也君明臣蒙其功若心之神
體得以全臣賢君蒙其恩若形體之靜而心得
以安上亂下被其患若耳目不聰明而手足爲
傷也臣不忠而君滅亡若形體亡動而心之喪
是故君臣之禮若心之與體心不可以不堅君
不可以不賢體不可以不順臣不可以不忠心
所以全者體之力也君所以安者臣之功也是
以天高其位而下其施藏其形而見其光序列
星而近至精考陰陽而降霜露高其位所以爲

尊也下其施所以爲仁也藏其形所以爲神也見其光所以爲明也序列星所以相承也近至精所以爲剛也考陰陽所以成歲也降霜露所以生殺也爲人君者其法取象於天故貴爵而臣國所以爲仁也深居隱處不見其體所以爲神也任賢使能觀聽四方所以爲明也量能授官賢愚有差所以相承也引賢自近以備股肱所以爲剛也考實事功次序殿最所以成世也有功者進無功者退所以賞罰也是故天執其道爲萬物主君執其常爲一國主主不可以不

剛王不可以不堅主不剛則列星亂其行主不堅則邪臣亂其官星亂則亡其天臣亂則亡其君故爲天者務剛其氣爲君者務堅其政剛堅然後陽道制命地卑其位而上其氣暴其形而著其情受其死而獻其生成其事而歸其功卑其位所以事天也上其氣所以養陽也暴其形所以爲忠也著其情所以爲信也受其死所以藏終也獻其生所以助明也成其事所以助位也歸其功所以致義也爲人臣者其法取象於地故朝夕進退奉職應對所以事貴也供設飲

食候視疢疾所以致養也委身致命事無專制所以致養也竭愚寫情不飾其過所以爲忠也伏節死義代四時也而人之所治也安取久留當行之理而必待四時也此之謂壅非其中也人有喜怒哀樂猶天之有春秋冬夏也喜怒哀樂之至其時而欲發也若春秋冬夏之至其時而欲出也皆天氣之然也其宜直行而無鬱滯一也天終歲乃一徧此四者而人主終日不知過此四之數其理故不可以相待且天之欲利人非宜其欲利穀也除穢不待時況穢人乎

威德所生第七十九

天有和有德有平有威有相受之意有爲政之理不可不審也春者天之和也夏者天之德也秋者天之平也冬者天之威也天之序必先和然後發德必先平然後發威此可以見不和不可以發慶賞之德不平不可以發刑伐之威又可以見德生於和威生於平也不和無德不平無威天之道也起者以此見之矣我雖有所愉而喜必先和心以求其當然後發慶賞以立其德雖有所忿而怒必先平心以求其政然後發

刑罰以立其威能常若是者謂之天德行天德者謂之聖人爲人主者居至德之位操殺生之勢以變化民民之從主也如草木之應四時也喜怒當寒暑威德當冬夏冬夏者威德之合也寒暑者喜怒之偶也喜怒之有時而當發寒暑亦有時而當出其理一也當喜而不喜猶當暑而不暑當怒而不怒猶當寒而不寒也當德而不德猶當夏而不夏也當威而不威猶當冬而不冬也喜怒威德之不可以不宜處而發也如寒暑冬夏之不可不當其時而出也故謹善惡

之端何以效其然也春秋采善不遺小掇惡不遺大諱而不隱罪而不忽以是非正理以褒貶喜怒之發威德之處無不皆中其應可以參寒暑冬夏之不失其時已故曰聖人配天

如天之爲第八十

陰陽之氣在上天亦在人在人者爲好惡喜怒在天者爲暖清寒暑出入上下左右前後平行而不止未嘗有所稽留滯鬱也其在人者亦宜行而無留若四時之條條然也夫喜怒哀樂之止動也此天之所爲人性命者臨其時至上而

欲發其應亦天應也與煖清寒暑之至其時而亦發無異若留德而待春夏留刑而待秋冬也此有順四時之名實逆於天地之經在人者亦天也柰何其久留天氣使之鬱滯不得以其正周行也是故脫天行穀朽寅而秋生麥告除穢而繼之也所以成功繼之以贍人也天之生有大經也而所周行者又有害功也除而殺殛者行急皆不待時也天之志也而聖人承之以治是故春修仁而求善秋修義而求惡冬修刑而致清夏修德而致寬此所以順天地體陰陽然

而方求善之時見惡而不釋方求惡之時見善
亦立行方致清之時見大善亦立舉之方致寬
之時見大惡亦立去之以效天子之方生之時
有殺也方殺之時有生也是故志意隨天地緩
急倣陰陽然而人事之宜行者無所鬱滯且恕
於人順於天天人之道兼舉此謂執其中天非以
春生人以秋殺人也當生者曰生當死者曰死
非殺物之任擬神明亂世之所起亦博若是皆
因天地之化以成敗物乘陰陽之資以任其所
爲故爲惡愆人力而功傷名自過也天地之間

有陰陽之氣常漸人者若水常漸魚也所以異於水者可見與不可見爾其澹澹也然則人之居天地之間其猶魚之離水一也其無間若氣而淖於水水之比於氣也若泥之比於水也是天地之間若虛而實人常漸是澹澹之中而以治亂之氣與之流通相殽也故人氣和調而天地之化美殽於惡而味敗此易之物也推物之類以易見難者其情可得治亂之氣邪正之風是殽天地之化者也生於化而及殽化與運連也春秋舉世事之道夫有書天[redacted]之

盡與不盡王者之任也詩云天難諶斯不易維王此之謂也夫王者不可以不知天知天詩人之所難也天意難見也其道難理是故明陽陰入出實虛之處所以觀天之志辨五行之本末順逆小大廣狹所以觀天道也天志入其道也義爲人主者予奪生殺各當其義若四時列官置吏必以其能若五行好仁惡戾任德遠刑若陰陽此之謂能配天天者其道長萬物而王者長人人主之大天地之參也好惡之分陰陽之理也喜怒之發寒暑之比也官職之事五行之

義也以此長天地之間蕩（闕）

天地陰陽第八十一

天地陰陽木火土金水九與人而十者天之數畢也故數者至十而止書者以十爲終皆取之此聖人何其貴者起於天至於人而畢畢之外謂之物物者投所貴之端而不在其中以此見人之超然萬物之上而最爲天下貴也人下長萬物上參天地故其治亂之故動靜順逆之氣乃損益陰陽之化而搖蕩四海之内物之難知者若神不可謂不然也今投地死傷而不騰相

助投淖相動而近投水相動而愈遠由一作猶此
觀之夫物愈淖而愈易變動搖蕩也今氣化之
淖非直水也而人主以衆動之無已時是故常
以治亂之氣與天地之化相殽而不治也世治
而民和志平而氣正則天地之化精而萬物之
美起世亂而民乖志癖而氣逆則天地之化傷
氣生災害起是故治世之德潤草木澤流四海
功過名者所以別物也親者重踈者輕尊者文
卑者質近者詳遠者略文辭不隱情明情不遺
文人心從之而不逆古今通貫一作道而不亂名

之義也男女猶道也人生別言禮義名號之由人事起也不順天道謂之不義察天人之分觀道命之異可以知禮之說矣見善者不能無好見不善者不能無惡好惡去就不能堅守故有人道人道者人之所由樂而不亂服而不厭者萬物載名而所生聖人因其象以命之然而可易也皆有義從也故正名以明義也物也者洪名也皆名也而物有和名此物也非失物故曰萬物動而不形者意也形而不易者德也樂而不亂復而不厭者道也四海之內殺陰陽之氣

與天地相雜是故人言既曰王者參天地矣苟參天地則是化矣豈獨天地之精哉王者亦參而殽之治則以正氣殽天地之化亂則以邪氣殽天地之化亂則同者相益異者相損之數也無可疑者矣

天道施第八十二

天道施地道化人道義聖人見端而知本精之至也得一而應萬類之治也動其本者不知靜其末受其始者不能辭其終利者盜之本也妄者亂之始也夫受亂之始動道之本而欲民之

靜不可得也故君子非禮而不言非禮而不動
好色而無禮則流飲食而無禮則爭流爭則亂
故禮體情而防亂者也民之情不能制其欲使
之度禮目視正色耳聽正聲口食正味身行正
道非奪之情也所以安其情也變謂之情雖特
異物性亦然者故曰內也變變（一作情）之變謂之
外故雖以情然不爲性說故曰外物之動性若
神知不守也積習漸靡物之微者也其入人不
知習忘乃爲常然若性不可察也純知輕思則
慮達節欲順行則倫得以諫爭僩靜爲宅以禮

義爲道則文德是故至誠遺物而不與變躬寬
無爭而不以與俗推衆强弗能人蜩蜕濁穢之
中含得命施之理與萬物遷徙而不自失者聖
人之心也

春秋繁露卷第十七

題跋附

崇文總目

春秋繁露漢膠西相董仲舒撰案仲舒本傳說春秋事得失聞舉玉杯蕃露清明竹林之屬數十篇十餘萬言解者但謂所著書名而隋唐志繁露卷目與今正同案其書盡八十二篇義引宏博非出近世然其間篇第亡舛無以是正又即用玉杯竹林題篇疑後人取而附著云

中興館閣書目

春秋繁露漢膠西相董仲舒撰仲舒廣川人說

春秋事得失聞舉玉杯蕃露清明竹林之屬數十篇顏師古注皆其所著書名今繁露中有玉杯竹林二篇隋唐書及三朝國史志十七卷今十卷繁露之名先儒未有釋者案逸周書王會解天子南面立絻無繁露注云繁露冕之所垂也有聯貫之象春秋屬辭比事仲舒立名或取諸此

晁公武郡齋讀書志

春秋繁露漢董仲舒撰史稱仲舒說春秋事得失聞舉玉杯繁露清明竹林之屬數十篇十餘

萬言皆傳於後世今溢而爲八十二篇又通名
繁露皆未詳隋唐卷目與今同但多訛舛

六一先生書春秋繁露後

漢書董仲舒傳載仲舒所著書百餘篇第云清
明竹林玉杯繁露之書蓋略舉其篇名今其書
纔四十篇又總名春秋繁露者失其真也予在
館中校勘羣書見有八十餘篇然多錯亂重複
又有民間應募獻書者獻三十餘篇其間數篇
在八十篇外乃知董生之書流散而不全矣方
俟校勘而予得罪夷陵秀才田文初以此本示

予不暇讀明年春得假之許於以舟下南郡獨臥閱此遂誌之董生儒者其論深極春秋之旨然惑於改正朔而云王者大一元者牽於其師之說不能高其論以明聖人之道惜哉惜哉景祐四年四月四日書

新安程大昌泰之祕書省書繁露後

右繁露十七卷紹興閒董　所進臣觀其書辭意淺薄閒掇取董仲舒策語雜置其中輒不相倫比臣固疑非董氏本書又班固記其說春秋凡數十篇玉杯蕃露清明竹林各爲之名似非

一書今董　進本通以繁露冠書而玉杯清明
竹林特各居其篇卷之一愈益可疑他日讀太
平寰宇記及杜佑通典頗見所引繁露語言顧
今書皆無之寰宇記曰三皇驅車抵谷口通典
曰劒之在左蒼龍之象也刀之在右白虎之象
也鉤之在前朱雀之象也冠之在首元武之象
也四者人之盛飾也此數語者不獨今書所無
且其體致全不相似臣然後敢言今書之非本
真也牛享問崔豹冕旒以繁露者何答曰綴玉
而下垂如繁露也則繁露也者古冕之旒似露

而垂[illegible]其所從假以名書也以杜樂所引推想
其書皆句用一物以發己意有垂旒凝露之象
焉則玉杯竹林同爲託物又可想見也漢魏間
人所爲文有名連珠者其聯貫物象以達己意
略與杜樂所引同如曰物勝權則衡殆形過鏡
則影窮者是其凡最也以連珠而方古體其殆
繁露之自出歟其名其體皆契合無殊矣
淳熙乙未予佐蓬監館本有春秋繁露既嘗
書所見卷末而正定其爲非古矣後又因讀
太平御覽凡其部彙列叙古繁露語特多如

曰禾實於野粟缺於倉皆奇恠非人所意此可畏也又曰金干土則五穀傷土干金則五穀不成張湯欲以鶩當鳧祠祀宗廟仲舒曰鶩非鳧鳧非鶩愚以爲不可又曰以赤統者幘尚赤諸如此類亦皆附物著理無憑虛發語者然後益自信予所正定不謬也御覽太平興國間編輯此時繁露尚存今遂逸不傳可歎也已

跋春秋繁露（本傳作蕃）

繁露一書凡得四本皆有 高祖正議先生序文始得寫本於里中亟傳而讀之舛誤至多恨無它本可校已而得京師印本以爲必佳而相去殊不遠又竊疑竹林玉杯等名與其書不相關後見尚書程公跋語亦以篇名爲疑又以通典太平御覽太平寰宇記所引繁露之書今書皆無之遂以爲非董氏本書且以其名謂必類小說家後自爲一編記雜事名演繁露行於世開禧[illegible]年今編修胡君仲方集守萍鄉得羅氏

高堂□□刻之縣庠考證頗備凡程公所引三書之言皆在書中則知程公所見者未廣遂謂其小說者非也然止於三十七篇終不合崇文總目及歐陽文忠公所藏八十二篇之數余老矣猶欲得一善本聞婺女潘同年叔度景憲多收異書屬其子弟訪之始得此本果有八十二篇是萍鄉本猶未及其半也喜不可言以校印本各取所長悉加改定義通者兩存之轉寫相訛又古語亦有不可強通者春秋會解一書■■季■所集仲方撫其引繁露十三條今皆

具在余又據說文解字王字下引董仲舒曰古之造文者三畫而連其中謂之王三者天地人也而參通之者王也許叔重在後漢和帝時今所引在王道通三第四十四篇中其餘傳中對越三仁之問朝廷有大議使使者及廷尉張湯就其家問之求雨閉諸陽縱諸陰其止雨反是三策中言天之仁愛人君天道之大者在陰陽陽爲德陰爲刑故王者任德教而不任刑之類今皆在其書中則其爲仲舒所著無疑且其文詞亦非後世所能到也左氏傳猶未行於世

合之言春秋多用公羊之說嗚呼漢承秦敝求儒雅士以經學專門者甚衆獨仲舒以純儒稱人但見其潛心大業非禮不行對策爲古今弟一余竊謂惟仁人之對曰仁人者正其誼不謀其利明其道不計其功又有言曰不由其道而勝不如由其道而敗此類非一是皆真得吾夫子之心法蓋深於春秋者也自揚子雲猶有愧於斯況其它乎其得此意之純者在近世惟范太史唐鑑爲庶幾焉褒貶評論惟是之從不以成敗爲輕重也潘氏本楚莊王篇爲弟一它

本皆無之前後增多凡四十二篇而三篇闕焉惟玉杯竹林二篇之名未有以訂之更俟來哲仲方得此尤以爲前所未見相與校讐將寄江右漕臺長兄祕閣公刻之而謂余記其後嘉定三年中伏日四明樓鑰書于攻媿齋

棐頃歲刻春秋繁露於萍鄉凡十卷三十七篇雖非全書然亦人間之所未見故樂與吾黨共之後五年官

中都復從

攻媿先生大參樓公得善本凡八十二

爲十七卷視隋唐志崇文總目諸家亦
篇卷皆同唯三篇亡耳
先生又手自讎校是正訛舛今遂爲全書
乃録本屬　祕閣兄重刋於江右之計臺
以惠後學云嘉定辛未四月初吉朝奉郎
宗正丞兼權右司郎官兼樞密院檢詳諸
房文字胡榘書

五福五代堂古稀天子寶

八徵耄念之寶

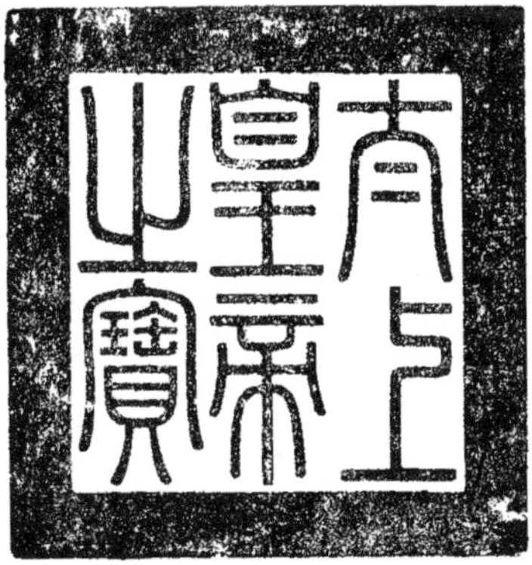
太上皇帝之寶